RÈGLEMENT

SUR

LE SERVICE DES ÉTATS-MAJORS

DES FORCES NAVALES

MINISTÈRE DE LA MARINE

ÉTAT-MAJOR GÉNÉRAL

RÈGLEMENT

SUR

LE SERVICE DES ÉTATS-MAJORS

DES FORCES NAVALES

24 AOÛT 1922

PARIS

IMPRIMERIE NATIONALE

RÈGLEMENT

SUR

LE SERVICE DES ÉTATS-MAJORS

DES FORCES NAVALES.

OBJET DU RÈGLEMENT.

Le présent Règlement a pour objet le fonctionnement du Service des Etats-Majors des Forces navales en temps de paix et en temps de guerre.

Certaines dispositions du décret du 15 mai 1910 et de l'arrêté du 28 octobre 1910 sur le service à bord des bâtiments de la Marine militaire ont été reproduites dans le présent Règlement afin que les officiers des États-Majors des Forces navales y trouvent réuni tout ce qu'il leur est nécessaire de connaître au sujet de leur service d'État-Major.

RÉFÉRENCES :

Décret du 23 mai 1922.
Arrêté du 20 juin 1922.

TABLE DES MATIÈRES.

TITRE PREMIER.

ORGANISATION DES ÉTATS-MAJORS DES FORCES NAVALES.

CHAPITRE PREMIER.

RÔLE ET CONSTITUTION DE L'ÉTAT-MAJOR.

CHAPITRE II.

FONCTIONS, ATTRIBUTIONS ET EMPLOI DU PERSONNEL.

PREMIÈRE SECTION.

CHEF D'ÉTAT-MAJOR.

DEUXIÈME SECTION.

SOUS-CHEF D'ÉTAT-MAJOR.

TROISIÈME SECTION.

OFFICIERS DE L'ÉTAT-MAJOR.

QUATRIÈME SECTION.

PERSONNEL NON OFFICIER RELEVANT DE L'ÉTAT-MAJOR.

CHAPITRE III.

ATTRIBUTIONS DES DIVERS ORGANES DE L'ÉTAT-MAJOR.

PREMIÈRE SECTION.

BUREAUX, SERVICES, SECRÉTARIAT, ARCHIVES, CHIFFRE.

CINQUIÈME SECTION.

FONCTIONNEMENT DU SECRÉTARIAT.

SIXIÈME SECTION.

FONCTIONNEMENT DE LA SECTION DU CHIFFRE.

Pages.

SEPTIÈME SECTION.

FONCTIONNEMENT DE LA SECTION DES ARCHIVES.

CHAPITRE VI.

SERVICE INTÉRIEUR.

PREMIÈRE SECTION.

DISPOSITIONS GÉNÉRALES.

DEUXIÈME SECTION.

SERVICE AU MOUILLAGE.

TROISIÈME SECTION.

SERVICE À LA MER.

QUATRIÈME SECTION.

SERVICE AU COMBAT.

CHAPITRE VII.

SERVICE EXTÉRIEUR.

MODÈLES.

RAPPORT DE LA COMMISSION

AU MINISTRE DE LA MARINE.

Paris, le 8 avril 1922.

Par décision ministérielle du 29 avril 1921, le Ministre, sur la proposition du vice-amiral, chef d'État-Major général. a chargé la Commission centrale de refonte du décret sur le service à bord d'examiner le cours professé à l'École supérieure de la Marine par le capitaine de frégate Castex et d'établir un projet d'Instruction sur le Service des États-Majors de la Marine.

La Commission a pensé que, si le fonctionnement des États-Majors à terre et à la mer relève de principes généraux identiques, l'application de ces principes dans des cadres aussi différents ne doit pas être la même. Un texte unique n'aurait pu que se tenir dans des généralités très larges et aurait certainement nécessité l'adjonction de règlements complémentaires adaptés aux différentes situations.

En conséquence, elle a entrepris d'abord l'organisation des États-Majors des Forces navales.

Les chapitres IX et X du décret sur le service à bord des bâtiments de la Marine militaire (chefs d'État-Major, officiers de marine détachés aux États-Majors, officiers des différents corps de la Marine autres que les officiers de marine attachés aux États-Majors des Forces navales) sont actuellement les seuls textes qui codifient le Service des États-Majors des Forces navales. Ces textes fixent les attributions personnelles des chefs d'États-Majors ainsi que celles des officiers des différents corps de la Marine attachés à l'État-Major, mais ne déterminent point le fonctionnement d'ensemble de l'organe mis auprès du Commandement pour l'aider.

Le rôle des officiers de marine de l'État-Major n'est pas défini, notamment en ce qui concerne les renseignements et les opérations. Par ailleurs, le décret ne précise point de quelle façon les officiers des divers corps de la Marine attachés aux États-Majors interviennent dans la satisfaction des besoins de la Force navale et quelle est leur responsabilité vis-à-vis du Commandement.

Au cours de la dernière guerre, l'inconvénient grave de pareilles lacunes s'est souvent fait sentir.

La nécessité de remédier à la situation actuelle est déjà apparue dans l'escadre de la Méditerranée et le vice-amiral commandant en chef cette escadre, s'inspirant de la reforme déjà réalisée à l'État-Major général par l'arrêté du 29 février 1920, a constitué son État-Major sur les principes que le Ministre a donnés comme directives à la Commission.

Afin de hâter la mise en œuvre du nouveau service des États-Majors, la Commission a pensé qu'elle ne pouvait pas attendre la refonte en cours du décret et de l'arrêté sur le service à bord et qu'elle devait proposer l'introduction immédiate dans ceux-ci d'une nouvelle réglementation des États-Majors en harmonie avec le cadre actuel de ces deux actes.

Elle a, en outre, préparé un Règlement sur le Service des États-Majors.

Ce Règlement a pour but de réunir en un seul fascicule, destiné aux officiers faisant partie des États-Majors des Forces navales, toutes les dispositions du décret et de l'arrêté intéressant leur service en les commentant, en les développant et en précisant les détails de fonctionnement.

Dans ces travaux, la Commission s'est inspirée :

a) De l'expérience acquise dans les Forces navales particulièrement au cours de la guerre;

b) De l'organisation actuellement établie en escadre de la Méditerranée;

c) Du cours professé à l'École supérieure de la Marine;

d) Des documents de l'Armée : Instructions du 20 février 1900 sur le Service des États-Majors; — Décret du 28 octobre 1913 sur la Conduite des grandes unités; — Décret du 1er décembre 1913 sur le Service des armées en campagne; — Instruction provisoire sur l'emploi tactique des grandes unités de 1921 ; — Études sur l'organisation et le fonctionnement des bureaux de l'État-Major et des services établies en 1919 au Grand Quartier général des Armées françaises de l'Est; — Cours de tactique générale et d'État-Major professé à l'École supérieure de Guerre en 1920-1921.

Elle s'est fixée comme but de *donner au commandant de la Force navale, seul qualifié pour prendre des décisions et seul responsable, l'instrument de travail nécessaire pour que, débarrassé des préoccupations de détail, il puisse se consacrer entièrement à la mission élevée qui lui incombe.*

Elle a pris comme guide l'organisation générale, qui a fait ses preuves au cours de la dernière guerre, des aides du Commandement dans l'Armée, en y apportant les adaptations nécessitées par la différence quelquefois profonde des situations. Elle a visé à réaliser avec l'Armée une communauté d'idées et de langage susceptible de faciliter la coopération éventuelle des forces de terre et de mer dans une même opération de guerre.

La tâche du Chef, sur mer comme sur terre, est double : si son rôle essentiel est la conduite des opérations, il doit, en outre, pour le succès de celle-ci, veiller à ce que la Force navale soit constamment pourvue en moyens. A ces deux tâches, qu'il importe de maintenir distinctes, doivent correspondre deux catégories d'aides du Commandement : les uns seront chargés de l'organisation et de l'emploi des forces, les autres assureront la satisfaction des besoins.

Dans l'Armée, l'État-Major et les services d'une grande unité répondent respectivement à cette double préoccupation. L'État-Major, organe impersonnel, est placé à côté du Chef de l'unité.

Les services placés sous les ordres de ce Chef disposent, pour satisfaire aux besoins des troupes, d'organes de direction et d'organes d'exécution. Les organes de direction sont auprès du Chef au Quartier général; ils fournissent, le cas échéant, à l'État-Major, tous les renseignements techniques dont celui-ci peut avoir besoin. Chaque service d'une grande unité agit et fonctionne indépendamment des services voisins. Il relève de deux autorités : du commandant de l'unité pour l'emploi, du chef de service de l'échelon supérieur pour le fonctionnement technique, étant entendu que l'emploi prime toujours le fonctionnement.

Une transposition intégrale de l'organisation des services de l'Armée à la Marine irait à l'encontre des exigences de la vie intérieure des bâtiments de combat. A bord de chaque bâtiment les services, au sens que l'Armée donne à ce mot, ne peuvent agir indépendamment les uns des autres; leur personnel participe au combat dans des rangs du personnel des «armes», leur fonctionnement est si intimement mêlé à l'emploi que la prééminence de celui-ci ne peut être assurée qu'en donnant à ces services une seule autorité, celle du commandant du bâtiment.

Des directeurs de service placés auprès du commandant de la Force navale n'auraient pu, en conséquence, exercer efficacement leur autorité technique sur les services correspondants des bâtiments.

On conçoit en effet difficilement que le commandant d'un bâtiment entre les mains duquel il est nécessaire de concentrer la responsabilité totale puisse recevoir des ordres, même en ce qui concerne le fonctionnement des services de son bâtiment, d'une autre autorité que du commandant de la Force navale.

Il est à remarquer par ailleurs que, généralement, surtout en temps de paix, une Force navale ne dispose pas d'autres ressources que celles que portent ses propres bâtiments de combat; les autorités chargées de pourvoir aux besoins de la Force navale sont alors extérieures à celle-ci et ne relèvent pas de l'autorité de son chef, dont l'action se borne à signaler ses besoins en temps utile.

Dans ces conditions, il a paru à la Commission que, retenant le principe fondamental de l'Armée, *spécialiser un organe pour aider le Commandement dans l'organisation et l'emploi des forces en laissant à d'autres organes la charge d'assurer les besoins matériels*, elle l'adaptait au cadre spécial d'une Force navale, en incorporant dans l'État-Major, en dehors des bureaux, seuls chargés de la mise en œuvre, des organes correspondants aux directions de service de l'Armée.

La Commission, pour rappeler la nature de leurs fonctions, a conservé à ces organes le nom de «Services de la Force navale» et a appelé leurs chefs «Chefs de service».

Ceux-ci n'agiront pas en leur nom propre, mais dans le domaine technique de leurs services; ils prépareront les décisions du chef, les exprimeront et en suivront, le cas échéant, l'exécution.

Loin de vouloir diminuer leurs responsabilités, la Commission a pensé que la situation qui leur était ainsi faite leur créait, au contraire, vis-à-vis du Commandement, des devoirs plus nets et laissait à celui-ci plus de latitude pour développer leur initiative.

Cette incorporation des services de la Force navale dans l'État-Major a, par ailleurs, l'avantage de doter celui-ci des techniciens dont le concours est indispensable au travail des bureaux.

Dans les cas où la Force navale disposera des ressources propres constituées à terre ou à bord de bâtiments auxiliaires, les chefs de services, en outre de leurs fonctions dans l'État-Major, pourront exercer, vis-à-vis d'éléments placés en dehors d'unités combattantes de la Force navale, une véritable direction de service.

Les dispositions suivantes ont été, par ailleurs, introduites dans les projets présentés au Ministre.

1° La Commission ayant posé le principe que l'État-Major est l'auxiliaire du Commandement, qu'il n'a aucune autorité propre sur les bâtiments et organismes divers de la Force navale, a été conduite à supprimer les dispositions du décret sur le service à bord qui autorisaient le commandant d'une Force navale à se faire remplacer par son chef d'État-Major pour certaines inspections. Par contre, elle a précisé que celui-ci pouvait recevoir toute mission que le commandant de la Force navale jugerait utile de lui confier.

2° Elle a tenu à définir les attributions respectives du chef d'État-Major et du capitaine de pavillon, conservant entière l'autorité de ce dernier en ce qui concerne le service général, la police et la discipline du bâtiment.

3° Le décret du 15 mai 1910 sur le service à bord des bâtiments de la Marine militaire prescrit qu'en cas de mort du commandant d'une Force navale pendant le combat, le capitaine de pavillon, s'il est plus ancien que le chef d'État-Major, donne des ordres à la Force navale jusqu'à ce que le successeur ait pris le Commandement.

La Commission a estimé qu'une pareille disposition était contraire au bien du service, que non seulement le chef d'État-Major, au courant de la pensée de son chef, était plus indiqué pour donner des ordres, mais qu'en outre, il n'était pas sans inconvénient de détourner, même temporairement, le capitaine de pavillon de la conduite de son bâtiment.

Elle propose donc la suppression des dispositions du décret qui confiaient au capitaine de pavillon un commandement intérimaire en cas de mort du commandant de la Force navale.

4° Elle a jugé que la composition normale des États-Majors des Forces navales n'entrait pas dans le cadre du décret et qu'il appartenait à l'arrêté ministériel de la déterminer.

En fixant les cadres des États-Majors, elle a pensé qu'elle ne pouvait viser que des cadres normaux et qu'il était nécessaire de prévoir que des décisions spéciales pourraient adapter les États-Majors à des circonstances et à des missions particulières.

Le Vice-Amiral Président,

Signé : MERVEILLEUX DU VIGNAUX.

TITRE PREMIER.

ORGANISATION DES ÉTATS-MAJORS DES FORCES NAVALES.

CHAPITRE PREMIER.

RÔLE ET CONSTITUTION DE L'ÉTAT-MAJOR.

ARTICLE PREMIER.

1. Rôle de l'État-Major. — (1) «L'État-Major est l'auxiliaire impersonnel du Commandement, il n'a pas d'autorité propre sur les bâtiments et divers organismes de la Force navale.»

2. Il est particulièrement chargé :

a) De préparer pour le commandant de la Force navale les éléments de ses décisions.

b) De traduire ces décisions sous forme d'instructions et d'ordres.

c) De compléter les instructions et les ordres par toute mesure de détail que le commandant de la Force navale n'aurait pas arrêtée lui-même.

d) D'assurer la transmission des instructions et des ordres et, le cas échéant, d'en suivre l'exécution.

ARTICLE 2.

1. Constitution des États-Majors. — (1) «Un État-Major de Force navale comprend les éléments ci-après :

«Les bureaux de l'Etat-Major qui constituent l'Etat-Major proprement dit.

---

(1) Décret du 15 mai 1910 sur le service à bord des bâtiments de la Marine militaire.

« Les services de la Force navale.

« Le cabinet du commandant de la Force navale lorsque le commandement de cette force en comporte un. »

2. « En outre il est constitué dans chaque État-Major un secrétariat, une section des archives et une section du chiffre. »

3. « A la tête de l'ensemble de l'État-Major est placé un chef d'État-Major secondé dans les Forces navales importantes par un ou deux sous-chefs d'État-Major. »

ARTICLE 3.

1. Titre du chef d'État-Major. — (1) « Dans les Forces navales, armée, escadre, division, commandées par un officier général, division commandée par un capitaine de vaisseau chef de division, le chef d'État-Major porte le titre de chef d'État-Major d'armée, d'escadre ou de division. »

CHAPITRE II.

FONCTIONS, ATTRIBUTIONS ET EMPLOI DU PERSONNEL.

PREMIÈRE SECTION.

CHEF D'ÉTAT-MAJOR.

ARTICLE 4.

1. Fonctions du chef d'État-Major. — (1) « Le chef d'État-Major est l'auxiliaire immédiat du Commandant de la Force navale.

« Il le seconde dans tout ce qui est relatif à l'exercice de son commandement. »

---

(1) Décret du 15 mai 1910 sur le service à bord des bâtiments de la Marine militaire.

2. «Le chef d'État-Major est tenu constamment au courant des intentions de son chef, afin d'être en mesure de prévoir et de préparer l'exécution des décisions.

«En présentant les éléments de ces décisions il a le devoir de soumettre les avis ou propositions qui lui sont suggérés par une connaissance détaillée de la situation.

«La décision prise, il étudie et propose toutes les mesures d'exécution.»

3. «Le chef d'État-Major organise et dirige le fonctionnement d'ensemble de l'État-Major, au mouillage, à la mer et au combat. Il est responsable vis-à-vis du commandant de la Force navale.»

4. Il règle l'action des bureaux, oriente et coordonne celle des services et précise la collaboration technique apportée par les services aux bureaux. Il impose la continuité des vues et la concordance des efforts.

5. Dans l'État-Major il répartit entre les officiers sous ses ordres et suivant les instructions du commandant de la Force navale, les fonctions dont le Ministre n'a pas désigné les titulaires ainsi que les diverses missions à remplir.

6. (1) «Le Chef d'État-Major établit les liaisons nécessaires et règle les relations entre l'État-Major qu'il dirige et les États-Majors des échelons inférieurs.»

ARTICLE 5.

1. **Répartition des affaires.** — Le chef d'État-Major répartit les affaires entre les bureaux et les services.

2. Tout en exigeant que les bureaux et les services se tiennent exactement dans leurs attributions telles qu'elles sont définies aux articles 25 à 44 inclus, il tient la main à ce qu'ils travaillent dans une collaboration étroite et à ce que tous les officiers soient tenus au courant des questions d'ensemble.

3. Lorsque le secret d'opérations en cours de préparation exige des garanties spéciales il peut limiter le nombre des officiers chargés de leur étude et ne donner connaissance des projets du Commandement que dans la mesure nécessaire à chacun pour exécuter son travail.

---

(1) Décret du 15 mai 1910 sur le service à bord des bâtiments de la Marine militaire.

ARTICLE 6.

Détails du service courant. — Le chef d'État-Major confie à l'officier de Marine de l'État-Major de garde ou de quart, dont les fonctions sont définies aux articles 122 et 124, l'exécution des détails du service courant afin que le travail des bureaux n'en soit point troublé.

ARTICLE 7.

1. Entrainement de l'État-Major au service de guerre. — (1) «Le chef d'État-Major prépare les officiers de son État-Major à leur service de guerre, auxquels ceux-ci doivent être constamment entraînés».

2. Il règle et dirige dans son Etat-Major l'exécution des travaux et exercices prescrits à cet effet par le commandant de la Force navale ou par lui-même. Ces travaux et exercices ont pour but de mettre tous les officiers de l'État-Major en présence de situations et besoins du temps de guerre et de les exercer à remplir différentes tâches dont ils seront chargés en cours d'opérations, soit dans les divers bureaux ou services, soit à l'extérieur.

ARTICLE 8.

1. Signature. — Le Commandant de la Force navale signe lui-même les lettres et rapports adressés au Ministre ou aux autorités supérieures, les pièces traitant de questions d'ordre supérieur, celles qui engagent ou suspendent l'action judiciaire, celles qui contiennent soit une décision importante, soit un blâme ou des éloges et celles qui entraînent une dépense ou engagent la responsabilité administrative du Commandement.

2. Le chef d'État-Major peut être autorisé à signer *par ordre* (*P. O.*) le reste de la correspondance.

3. Le chef d'État-Major signe *pour ampliation* et *pour copie conforme.*

Pour ampliation (*P. A.*) les expéditions des pièces adressées simultanément à plusieurs autorités et dont le commandant de la Force navale a signé un original.

Pour copie conforme (*P. C. C.*) les copies ou extraits textuels des documents à communiquer.

---

(1) Décret du 15 mai 1910 sur le service à bord des bâtiments de la Marine militaire.

4. Il peut faire signer par les officiers de l'État-Major les èces établies pour copie conforme, ainsi que les bordeaux d'envoi, accusés de réception, bulletins de transmisэn, états périodiques, etc.

5. Le chef d'Etat-Major signe d'autre part en son propre m les pièces relatives aux questions de service entrant dans s attributions personnelles.

6. Aucun message n'est expédié de l'État-Major sans son ia ou celui de l'officier qu'il a délégué à cet effet.

ARTICLE 9.

1. Relations avec le commandant de la Force navale. — Le chef d'État-Major présente à la signature du mmandant de la Force navale, les instructions, les ordres toute correspondance établis par les bureaux et services i'il n'a pas qualité pour signer lui-même.

2. Il se rend chaque jour près du commandant de la orce navale pour lui rendre compte de la situation et endre ses instructions.

ARTICLE 10.

Archives. — Le chef d'État-Major a la garde de l'ensmble des archives. Il est responsable vis-à-vis du Commannt de la Force navale de la conservation des archives crètes dans lesquelles sont compris les documents secrets livrés par le Département au commandant de la Force ivale.

ARTICLE 11.

Cartes, instructions, instruments nautiques. — Le ief d'État-Major a la charge des cartes, instructions et struments nautiques nécessaires à l'Etat-Major de la Force ivale.

ARTICLE 12.

1. Discrétion du personnel. — Le chef d'État-Major oit mettre toute personne prenant son service dans l'Etat-

Major au courant de ses devoirs au sujet de la discrétion professionnelle. Cette discrétion ne doit pas se limiter aux affaires secrètes, mais s'étendre d'une manière générale à tout ce qui a trait au service.

En temps de guerre, le secret des opérations constitue un élément essentiel du succès; la conservation du secret est une question d'honneur pour tous ceux qui, en raison de leurs fonctions, sont appelés à connaître un projet d'opérations.

ARTICLE 13.

Autorité sur le personnel. — (1) «Le chef d'État-Major a autorité sur tout le personnel de l'État-Major de la Force navale, officiers de tous les corps quel que soit leur grade, personnel non officier relevant de l'État-Major, sauf en ce qui concerne le service général, la sécurité, la police et la discipline du bâtiment dont le commandant du bâtiment est responsable.»

ARTICLE 14.

Missions du chef d'État-Major. — (1) «Le chef d'État-Major remplit toute mission que le commandant de la Force navale juge utile de lui confier.

ARTICLE 15.

1. Devoirs du chef d'État-Major en cas d'empêchement du Commandant de la Force navale. — (1) «En cas de décès ou tout événement qui empêche le commandant de la Force navale d'exercer le commandement, le chef d'État-Major, s'il n'est pas lui-même l'officier le plus élevé en grade ou à grade égal le plus ancien, informe sur le champ de cet événement l'officier à qui doit appartenir le Commandement.»

2. «En cas de décès ou de débarquement inopiné du commandant de la Force navale, le chef d'État-Major continue à exercer ses fonctions auprès de l'officier qui a pris le commandement jusqu'à ce que le Ministre ait statué».

2. «En cas de mort du Commandant de la Force navale pendant le combat, le chef d'État-Major donne à la Force navale les ordres nécessaires jusqu'à ce que le successeur du commandant de la Force navale ait fait connaître qu'il a pris le Commandement».

---

(1) Décret du 15 mai 1910 sur le service à bord des bâtiments de la Marine militaire.

SECTION 2.

SOUS-CHEF D'ÉTAT-MAJOR.

ARTICLE 16.

1. Fonctions du sous-chef d'État-Major. — (1) «Le sous-chef d'État-Major seconde le chef d'État-Major. Il le remplace en cas d'absence ou d'empêchement et a dès lors les mêmes devoirs et les mêmes attributions.»

2. «Dans les États-Majors qui comportent deux sous-chefs d'État Major, chacun d'eux est chargé par le Chef d'État-Major de coordonner les travaux d'un groupe de bureaux.»

«Ils sont tenus l'un et l'autre au courant des intentions du Commandement.»

«Le chef d'État-Major est éventuellement remplacé dans les conditions fixées au paragraphe 1er par le premier sous-chef d'État-Major et à défaut de celui-ci par le deuxième sous-chef d'État-Major.»

3. Le chef d'État-Major charge un sous-chef d'État-Major des détails du service intérieur de l'État-Major.

SECTION 3.

OFFICIERS DE L'ÉTAT-MAJOR.

ARTICLE 17.

1. Fonctions des officiers de l'État-Major. — Les officiers de l'État-Major de la Force navale autres que les officiers d'ordonnance sont affectés aux bureaux et aux services ainsi qu'aux organes annexes, secrétariat, chiffre archives.

ARTICLE 18.

1. Fonctions des officiers d'ordonnance. — Les officiers d'ordonnance sont à la disposition du commandant de

---

(1) Décret du 15 mai 1910 sur le service à bord des bâtiments de la Marine militaire.

la Force navale dont ils reçoivent directement les instructions. Ils font partie du cabinet.

2. Sauf en ce qui concerne le service particulier du commandant de la Force navale ils relèvent de l'autorité du chef d'État-Major.

3. Ils règlent le service du personnel de la musique et du personnel non-officier affecté au cabinet.

ARTICLE 19.

Service de garde et de quart des officiers de Marine de l'État-Major. — En dehors de leur collaboration au travail des bureaux et des services, les officiers de Marine de l'État-Major participent à un service de garde ou de quart dans les conditions définies aux articles 124 et 126.

ARTICLE 20.

Titre des officiers autres que les officiers de Marine attachés aux services de la Force navale. — (1) «Le plus ancien des officiers de chacun des corps de la Marine autres que celui des officiers de marine attachés aux services de la Force navale prend selon la dénomination de cette Force navale le titre de :

«Mécanicien d'armée, d'escadre, de division;

«Ingénieur du génie maritime d'armée, d'escadre, de division;

«Ingénieur d'artillerie navale d'armée, d'escadre, de division;

«Commissaire d'armée, d'escadre, de division;

«Médecin d'armée, d'escadre, de division.»

ARTICLE 21.

1. Fonctions des officiers des équipages. — Les officiers des équipages contribuent au travail des bureaux et des services sous les ordres des officiers de l'État-Major.

---

(1) Décret du 15 mai 1910 sur le service à bord des bâtiments de la Marine militaire

ARTICLE 22.

Situation des officiers de l'État-Major en cas de décès ou de débarquement du commandant de la Force navale. — (1) « En cas de décès ou de débarquement inopiné du commandant de la Force navale tous les officiers de l'État-Major de la Force navale continuent à remplir leurs fonctions jusqu'à ce que le Ministre ait statué. »

SECTION 4.

PERSONNEL NON-OFFICIER RELEVANT DE L'ÉTAT-MAJOR.

ARTICLE 23.

1. Personnel non-officier relevant de l'État-Major. — Le personnel non-officier relevant de l'État-Major comprend :

a) Le personnel spécialement affecté au service du commandant de la Force navale et de l'État-Major;

b) Le personnel musicien.

Ce personnel forme une compagnie spéciale placée sous le Commandement d'un officier de l'État-Major signé par le chef d'État-Major.

ARTICLE 24.

1. Secrétaires. — Les secrétaires sont répartis conformément aux ordres du chef de l'État-Major entre les divers organes de l'État-Major et, autant que possible spécialisés.

2. — Les secrétaires ainsi que les plantons sont groupés pour la discipline et pour la tenue des locaux de l'État-Major sous la direction d'un officier marinier.

---

(1) Décret du 15 mai 1910 sur le service à bord des bâtiments de la Marine militaire.

CHAPITRE III.

ATTRIBUTIONS DES DIVERS ORGANES DE L'ÉTAT-MAJOR.

PREMIÈRE SECTION.

BUREAUX, SERVICES, SECRÉTARIAT, ARCHIVES, CHIFFRE.

ARTICLE 25.

1. Bureaux et services. — Les bureaux et les services traitent toutes les questions intéressant l'action militaire de la Force navale.

ARTICLE 26.

1. Répartition en quatre bureaux. — (1) «Les bureaux de l'État-Major entre lesquels les affaires sont réparties par espèce sont au nombre de quatre :

«1er Bureau — Organisation (personnel, matériel) ;
«2e — — Renseignements ;
«3e — — Opérations, mouvements ;
«4e — — Ravitaillements, transports, bases».

2. «Dans chaque bureau de l'État-Major un officier remplit les fonctions de chef de bureau».

3. «Dans les États-Majors qui ne disposent que d'un nombre restreint d'officiers, plusieurs bureaux peuvent être groupés sous la direction d'un même chef».

Dans ce cas, en premier lieu, le quatrième bureau est réuni au premier ; puis en second lieu, le deuxième au troisième.

(1) «L'organisation en quatre bureaux reste toujours ob-

---

(1) Décret du 15 mai 1910 sur le service à bord des bâtiments de la Marine militaire.

servée pour l'établissement, l'enregistrement et le classement des instructions, des ordres et du reste de la correspondance».

ARTICLE 27.

Rôle des bureaux. — **1.** (1) «Le rôle des bureaux est d'assister le Commandement dans la partie objective de sa tâche : détermination du but à atteindre, organisation et emploi des forces pour atteindre le but fixé».

Dans cet ordre d'idées ils traitent les questions intéressant le Commandement même de la Force navale, l'entraînement maritime et militaire, la préparation à la guerre et la conduite des opérations.

2. Afin de se consacrer entièrement à cette tâche essentielle ils sont déchargés par les services de tous les détails de technicité qui par leur nature particulière sortent du cadre immédiat de leurs attributions.

3. Ils travaillent en collaboration étroite avec les services, qui lui fournissent la documentation et les avis techniques nécessaires. Il leur appartient toujours de fixer le but à atteindre dans le domaine de l'utilisation, laissant aux services le soin de régler toutes les questions de détails techniques.

4. Les bureaux rédigent, chacun en ce qui le concerne, les instructions, les ordres et le reste de la correspondance en liaison, si nécessaire, les uns avec les autres et avec les services.

Lorsqu'un projet établi par un bureau conformément à l'article 56 ci-après nécessite le concours technique d'un ou plusieurs services il est présenté au chef d'État-major par le bureau qui en a pris l'initiative. Après que le projet a été approuvé ce bureau s'assure de la transmission du document.

ARTICLE 28.

1. Attributions du 1er bureau. — Le premier bureau est chargé ;

a) De l'organisation de la Force navale en vue du rôle que lui assigne le Commandement.

b) De la préparation au personnel et au matériel de

(1) Décret du 15 mai 1910 sur le service à bord des bâtiments de la Marine militaire.

chaque élément de la Force navale (bâtiments et organismes divers).

c) De l'étude, de concert, avec le troisième bureau et les services, de toutes modifications de matériel ainsi que des mesures destinées à accroître la valeur militaire des divers éléments de la Force navale.

2. Le premier bureau doit avoir une vision complète, exacte et aussi lointaine que possible de la situation. A cet effet, il est essentiel qu'il ait une connaissance approfondie :

a) Des projets du Commandement (d'où liaison avec le 3e bureau).

b) De la situation matérielle des divers éléments de la Force navale (d'où liaison avec le 4e bureau et les services).

c) De tous les renseignements relatifs à l'organisation des marines étrangères ou ennemies et de leurs moyens (d'où liaison avec le 2e bureau).

3. Le premier bureau doit pouvoir renseigner constamment et exactement le Commandement sur la situation des éléments de la Force navale et lui fournir à ce sujet les données concrètes qui sont une des bases de ses décisions.

4. Les attributions détaillées du 1er bureau sont les suivantes :

a) Organisation de la Force navale.

Groupements organiques, numérotage.
Vie intérieure de la Force navale, service courant.

b) Organisation intérieure des bâtiments et organismes de la Force navale.

Rôles, dossiers de mobilisation, registres de préparation au combat.
Vie intérieure des bâtiments et organismes de la Force navale.
Service courant, entraînement, préparation à la guerre.

c) Personnel.

Contrôle des effectifs (États-Majors et Équipages) situation, en liaison avec le service Intendance, pertes, évacuations, remplacements, mutations.
Instruction.
Éducation physique et morale, sports.
Moral du personnel.
Discipline, tenue.
Avancements, récompenses, sanctions.
Justice maritime, en liaison avec le chef du service Intendance.

d) Matériel.

Situation, fonctionnement, entretien des armes et du matériel des bâtiments et organismes de la Force navale.

Études, essais.

Carénages, réparations, refontes.

Feuilles signalétiques des bâtiments.

e) Prisonniers de guerre, Prises; (Garde et utilisation).

ARTICLE 29.

1. Attributions du 2e bureau. — Le deuxième bureau a pour rôle essentiel de *rechercher, centraliser* et *exploiter* les renseignements de toute nature relatifs à l'ennemi.

Son action s'exerce dès le temps de paix en prévision du temps de guerre.

2. Il dirige les organes d'information de la Force navale et se tient en relations avec les diverses sources d'informations.

Il classe, étudie et tient à jour les renseignements reçus.

Il fait parvenir les renseignements à l'autorité supérieure, aux autorités subordonnées et éventuellement aux autorités voisines soit immédiatement et par les voies les plus rapides en cas d'urgence, soit par des documents journaliers ou périodiques.

3. *En temps de guerre* le deuxième bureau fournit au Commandement de la Force navale :

a) Les renseignements sur l'ennemi, nécessaires à la préparation et à la conduite des opérations de la Force navale ainsi qu'à la documentation des subordonnés.

b) Les renseignements sur l'ennemi de nature à intéresser les échelons supérieurs de Commandement et éventuellement les Commandements voisins.

Ces renseignements ont trait à la composition et à la situation morale et matérielle des forces adverses, aux organisations dont elles disposent (défenses des côtes, bases, lignes de navigation commerciale, communications télégraphiques ou autres), aux projets d'opérations de l'ennemi, à ses méthodes et à ses règlements, aux caractérisques de son matériel.

4. Le deuxième bureau ne doit jamais perdre de vue que certains renseignements n'ont de valeur qu'à un moment donné et que transmis trop tard ils sont inopérants. Tout renseignement de guerre doit être communiqué en premier lieu à l'autorité quelle qu'elle soit qui est en mesure de l'utiliser immédiatement.

5. Les attributions détaillées du 2ᵉ bureau en temps de guerre sont les suivantes :

a) Recherche et centralisation des renseignements — Organisation et direction du service de renseignements de la Force navale. Plan de renseignements. Relations avec les agents diplomatiques et consulaires, les autorités étrangères et les agents et organes de renseignements de toute nature.

Interrogatoire des prisonniers et des déserteurs.

Centralisation des comptes rendus, des photographies, des interceptions et des renseignements de repérage.

b). Classement et étude des renseignements.

Classement et étude comparative de tous les renseignements recueillis.

Étude eventuelle des documents ennemis.

Décryptement (quand l'importance de l'État-Major le permet).

c) Synthèse des renseignements.

Etablissement pour le commandant de la Force navales de la situation des forces adverses et autres renseignements sur l'ennemi

Établissement de comptes rendus de renseignements destinés à l'autorité supérieure, des bulletins de renseignements destinés aux autorités subordonnées et éventuellement aux autorités voisines.

Rédaction des parties d'instructions et d'ordres résumant la situation de l'ennemi.

b) Organisation et direction des services spéciaux de la Force navale.

Espionnage, contre-espionnage, surveillance des suspects, contrôle postal, administration territoriale des territoires ennemis occupés.

e) Étude des questions de droit international, en liaison avec le chef du service Intendance.

f) Questions de protocole.

6. *En temps de paix* le 2ᵉ bureau a dans ses attributions : Les renseignements militaires sur les marines de guerre et de commerce des puissances étrangères et sur les organismes dont elles disposent (défense des côtes, bases, lignes de navigation commerciale, communications télégraphiques ou autres),

les renseignements sur la situation et les mouvements des Forces navales étrangères,

les rensignements d'ordre militaire, politique et économique, les renseignements émanant des services spéciaux d'information,

les questions de protocole.

Il se tient en relations avec les autorités diplomatiques et consulaires et éventuellement avec les autorités étrangères.

Il recueille les renseignements de toute provenance de nature à intéresser le Département.

ARTICLE 30.

1. Attribtions du 3e bureau. — Le domaine essentiel du 3e bureau est celui des *opérations*. Celles-ci l'intéressent au triple point de vue de leur *préparation*, de leur *exécution*, de leurs *résultats*.

2. La préparation des opérations comporte de la part du troisième bureau :

a) A tout moment l'exacte connaissance des possibilités d'action de la Force navale et la poursuite, avec le concours du premier bureau, des mesures propres à maintenir en état et à élargir ces possibilités.

b) L'étude des questions relatives à l'entraînement de la Force navale et la rédaction des instructions et ordres destinés à assurer en cette matière l'application des décisions du commandant de la Force navale.

3. L'exécution des opérations comporte pour le 3e bureau la traduction en instructions et ordres, des décisions du Commandant de la Force navale.

Si ces instructions ou ordres motivent de la part des éléments subordonnés des comptes-rendus des mesures prises ou projetées pour en assurer l'exécution, le troisième bureau les étudie et prépare l'exposé au commandant de la Force navale.

Il suit le développement des opérations de manière à pouvoir constamment renseigner le commandant de la Force navale sur la situation et lui fournir les données concrètes qui serviront éventuellement de base à ses nouvelles décisions.

4. Le troisième bureau enregistre les opérations pour une double fin *historique* et *critique*.

Au point de vue historique il rédige :

a) Un «journal d'opérations» présentant tous les faits dans leur ordre chronologique, sans commentaire, mais mettant en relief les idées directrices du Commandement relatives aux diverses opérations.

b) Des documents spéciaux : rapports et comptes rendus destinés soit à rendre compte à l'autorité supérieure, soit à renseigner les autorités subordonnées et éventuellement communications destinées à informer les autorités étrangères à la Marine ou à la presse.

Au point de vue critique il fixe les enseignements résultant des opérations et en assure la diffusion en temps utile.

5. Le troisième bureau n'exerce son action complète qu'en temps de guerre. En temps de paix son rôle consiste à préparer les opérations du temps de guerre, à orienter l'entraînement de la Force navale en vue de celles-ci, dans les conditions définies au paragraphe 2 du présent article, et à régler les mouvements des éléments subordonnés.

6. Les attributions détaillées du 3e bureau en temps de paix et en temps de guerre sont les suivantes :

a) Opérations.

Plan d'opérations, instructions, ordres, journal, rapports et comptes rendus d'opérations. Études critiques.

Groupements de circonstance en vue des opérations.

Mouvements des bâtiments de la Force navale.

Incidents de mer, abordages (en liaison avec le service Intendance lorsque l'un des navires est un bâtiment de commerce).

Navigation commerciale, routes, escortes et convois.

Liaisons, missions extérieures.

Acheminement des correspondances postales.

b) Entraînement de la Force navale à la navigation et au combat.

Tactique navale, instructions de navigation, instructions de combat, manœuvres d'ensemble, emploi des armes, exercices.

Codes de signaux et modes de transmission des ordres (en liaison avec le service Communications).

Renseignements nautiques et hydrographiques.

Le 3e bureau rédige le journal des opérations.

Il tient à jour la situation de tous les bâtiments de la Force navale, au point de vue de leurs mouvements et de leur disponibilité.

ARTICLE 31.

1. Attributions du 4e bureau. — Le quatrième bureau coordonne les opérations de ravitaillement et assure les transports ; il est chargé de l'organisation et de l'utilisation du train et des bases de la Force navale.

2. Il doit avoir une connaissance complète :

a) Des projets du Commandement (d'où liaison avec le 3ᵉ bureau);

b) De la situation des approvisionnements (d'où liaison avec les services);

c) Des ressources utilisables de la zone d'opérations (d'où liaison avec le 2ᵉ bureau et les services).

3. Ses attributions détaillées sont les suivantes :

Constitution, organisation et emploi du train et des bases éventuelles de la Force navale.
Ravitaillements.
Questions d'assistance et de sauvetage (en liaison avec le service intendance quand l'un des navires intéressés est un navire de commerce).

4. Le 4ᵉ bureau suit en liaison avec les services la situation des approvisionnements des bâtiments et organismes de la Force navale et se tient au courant des ressources utilisables (train, bases éventuelles, arsenaux, ports de commerce, flotte commerciale). Il établit les prévisions générales de transport d'après les besoins de toute nature de la Force navale.

ARTICLE 32.

1. **Services de la Force navale.** — (1) «Les services constitués dans l'État-Major de la Force navale sont les suivants :

«Communications.
«Artillerie.
«Armes sous-marines, électricité.
«Aéronautique.
«Machines.
«Travaux et matériel ressortissant aux constructions navales.
«Intendance.
«Santé.»

2. «Des officiers de marine et des officiers des différents corps de la Marine sont attachés à ces services.»

3. «Dans chaque service un de ces officiers remplit les fonctions de Chef de service.»

---

(1) Décret du 15 mai 1910 sur le service à bord des bâtiments de la Marine militaire.

4. Dans les états-majors qui ne disposent que d'un nombre restreint d'officiers, plusieurs services peuvent être groupés sous la direction d'un même chef. Mais l'organisation en services est toujours observée pour l'enregistrement et le classement des instructions, des ordres et du reste de la correspondance.

ARTICLE 33.

1. **Rôle des services.** — (1) «Le rôle des services est pour chacun d'eux dans son domaine technique particulier, d'assister le Commandement dans la préparation des moyens d'action de la Force navale et la satisfaction des besoins de celle-ci.»

2. «Les chefs de service relèvent directement du Chef d'État-Major dont ils sont les auxiliaires techniques.

A l'exception du cas prévu à l'article 36 ci-après ils n'ont auprès des divers éléments de la Force navale d'autre rôle que le rôle impersonnel défini pour l'État-Major à l'article 1er du présent règlement.

3. «Ils sont chargés de l'étude de toutes les questions relatives au fonctionnement, à bord des bâtiments et dans les organismes dépendant de la Force navale, du service auquel ils sont attachés. Ils préparent la correspondance relative à cet objet ainsi que les instructions et ordres de caractère technique en liaison avec les bureaux de l'État-Major.»

4. «Ils se tiennent, dans le domaine de leur service, exactement renseignés sur la situation des bâtiments et organismes de la Force navale, au point de vue de leur matériel, de leurs approvisionnements et de leurs besoins et sur les ressources utilisables du train et des bases de la Force navale, ainsi que sur celles des arsenaux et des ports de la zone d'opérations.

«Ils établissent, en tenant compte des opérations projetées, leurs prévisions concernant les besoins de la Force navale et proposent au Chef d'État-Major toute mesure propre à y donner satisfaction.»

5. Ils traitent les questions de caractère essentiellement technique conformément aux directives qu'ils reçoivent du chef d'État-Major. Ils travaillent en liaison étroite et en concordance de vues avec les bureaux.

---

(1) Décret du 15 mai 1910 sur le service à bord des bâtiments de la Marine militaire.

Ils fournissent à ceux-ci tous les avis techniques qui leur sont nécessaires.

Lorsqu'un projet établi par un service nécessite le concours d'un bureau ou d'un autre service il est présenté au Chef d'État-Major par le service qui en a pris l'initiative.

Après que le projet a été approuvé le service s'assure de la transmission du document.

ARTICLE 34.

1. Visite à bord des bâtiments des officiers attachés aux services. — (1) «Lorsque le Chef d'État-Major leur en donne l'ordre les officiers attachés aux services de la Force navale se rendent en mission à bord des bâtiments pour examiner le fonctionnement des parties du service dont ils sont chargés.»

2. «Lorsqu'ils le jugent utile, ils demandent au Chef d'État-Major l'autorisation de se rendre, pour le même objet, à bord des bâtiments de la Force navale.»

3. «Dans tous les cas, à leur arrivée à bord et à leur départ, ils se présenteront au commandant du bâtiment ou à son défaut à l'officier en second, et le préviennent de l'objet de leur visite ainsi que de l'achèvement de leur mission.»

ARTICLE 35.

1. Appel à bord des officiers des bâtiments par les chefs de service. — «Lorsque les chefs de service de la Force navale jugent nécessaire de recevoir verbalement des renseignements concernant leur service, ils demandent au Chef d'État-Major de faire appeler les officiers des bâtiments de la Force navale attachés aux mêmes services. Ceux-ci à leur retour à bord rendent compte au commandant de leur bâtiment.»

ARTICLE 36.

Dispositions spéciales en cas d'existence d'un train de la Force navale. — (1) «Lorsqu'il est constitué un train de la Force navale (bâtiments auxiliaires, bases, dépôts et établissements à terre) les chefs de service peuvent en dehors

---

(1) Décret du 15 mai 1910 sur le service à bord des bâtiments de la Marine militaire.

de leurs fonctions dans l'État-Major, être chargés de la direction des éléments de leurs services faisant partie du train de la Force navale.»

ARTICLE 37.

Attributions du service «Communications». — Les attributions du service *Communications* sont les suivantes :

a) CENTRALISATION DES QUESTIONS RELATIVES AUX COMMUNICATIONS OPTIQUES, PHONIQUES ET ÉLECTRIQUES.

Documentation, études techniques, renseignements.

b) DIRECTION DU SERVICE «COMMUNICATIONS» DE L'ÉTAT-MAJOR.

Utilisation des divers moyens de communication.

Interception et repérage (en liaison avec le 2e bureau).

c) CENTRALISATION ET ÉTUDE DES QUESTIONS RELATIVES AU FONCTIONNEMENT DU SERVICE «COMMUNICATIONS» À BORD DES BÂTIMENTS ET DANS LES ORGANISMES DE LA FORCE NAVALE (EN LIAISON AVEC LE 1er BUREAU).

Instruction technique et entraînement du personnel.

Exploitation et entretien du matériel.

Vérification de l'observation des prescriptions réglementaires et de la tenue des documents et registres du service.

d) RÉGLEMENTATION DES DIVERS MODES DE COMMUNICATION (EN LIAISON AVEC LES 1er ET 3e BUREAUX).

Instructions techniques, règles d'emploi, indicatifs d'appel, numéros tactiques.

e) EXERCICES ET EXPÉRIENCES (EN LIAISON AVEC LES 1er ET 3e BUREAUX).

Préparation de la partie des instructions, ordres, comptes rendus et rapports relevant de la compétence technique du service.

Participation aux Commissions.

ARTICLE 38.

Attributions du service «Artillerie». — Les attributions du service *Artillerie* sont les suivantes :

a) CENTRALISATION DES QUESTIONS RELATIVES À L'ARTILLERIE.

Documentation, études techniques, renseignements.

b) CENTRALISATION ET ÉTUDE DES QUESTIONS RELATIVES AU FONCTIONNEMENT DU SERVICE «ARTILLERIE» À BORD DES BÂTI-

MENTS ET DANS LES ORGANISMES DE LA FORCE NAVALE (EN LIAISON AVEC LE 1er BUREAU).

Instruction et entraînement du personnel.

Utilisation et entretien du matériel.

Vérification de l'observation des prescriptions réglementaires et de la tenue à jour des documents et registres du service.

c) APPROVISIONNEMENTS EN MUNITIONS ET MATÉRIEL D'ARTILLERIE.

Tenue à jour des situations, prévision des besoins.

Ravitaillements (en liaison avec le 4e bureau et le service Intendance).

Surveillance des stocks constitués en dehors des bâtiments.

d) RÉPARATIONS OU MODIFICATIONS DU MATÉRIEL D'ARTILLERIE.

Étude, avis et propositions, concours technique et participation aux commissions pour les marchés et les recettes.

Sur l'ordre du commandant de la Force navale : direction technique des travaux exécutés par les moyens de la Force navale.

e) EXERCICES, TIRS, EXPÉRIENCES (EN LIAISON AVEC LES 1er ET 3e BUREAUX).

Préparation de la partie des instructions, ordres, comptes rendus et rapports, relevant de la compétence technique du service.

Participation aux commissions.

ARTICLE 39.

Attributions du service Armes sous-marines. Électricité. — Les attributions du service *Armes sous-marines. Électricité* sont les suivantes :

a) CENTRALISATION DES QUESTIONS RELATIVES AUX ARMES SOUS-MARINES ET À L'ÉLECTRICITÉ.

Documentation, études techniques, renseignements.

b) CENTRALISATION ET ÉTUDE DES QUESTIONS RELATIVES AU FONCTIONNEMENT DU SERVICE « ARMES SOUS-MARINES, ÉLECTRICITÉ » À BORD DES BÂTIMENTS DE LA FORCE NAVALE (EN LIAISON AVEC LE 1er BUREAU).

Instruction et entraînement du personnel.

Utilisation et entretien du matériel.

Vérification de l'observation des prescriptions réglementaires et de la tenue à jour des documents et registres du service.

c) Approvisionnements en torpilles, engins sous-marins et matériel spécial au service.

Tenue à jour des situations, prévision des besoins.

Ravitaillements (en liaison avec le 4ᵉ bureau et le service Intendance).

d) Réparations ou modifications du matériel.

Étude, avis et propositions, concours technique et participation aux Commissions pour les marchés et les recettes.

e) Exercices, tirs, expériences (en liaison avec les 1ᵉʳ et 3ᵉ bureaux).

Préparation de la partie des programmes, instructions, ordres, comptes rendus et rapports, relevant de la compétence technique du service.

Participation aux Commissions.

ARTICLE 40.

Attributions du service aéronautique. — Les attributions du service *aéronautique* sont les suivantes :

a) Centralisation des questions relatives à l'aéronautique.

Documentation, études techniques, renseignements.

b) Centralisation et études des questions relatives au fonctionnenent du service «Aéronautique» dépendant de la Force navale (en liaison avec le 1ᵉʳ bureau).

Instruction et entraînement du personnel.

Utilisation et entretien du matériel.

Vérification de l'observation des prescriptions réglementaires et de la tenue à jour des documents et registres du service.

c) Matériel et approvisionnements du service aéronautique.

Tenue à jour des situations, prévision des besoins.

Répartition du matériel.

Ravitaillements (en liaison avec le 4ᵉ bureau et le service intendance).

Surveillance des stocks constitués éventuellement en dehors des bâtiments.

d) Réparations et modifications du matériel, installations spéciales à l'aéronautique à bord des bâtiments

Étude, avis et propositions, concours techniques et participation aux Commissions pour les marchés et les recettes

Exploitation des ateliers spéciaux de l'aéronautique.

e) Exercices, tirs, expériences (en liaison avec les 1er et 3e bureaux).

Préparation de la partie des programmes, instructions, ordres, comptes rendus et rapports, relevant de la compétence technique du service.

Participation aux Commissions.

ARTICLE 41.

Attributions du service machines. — Les attributions du service *Machines* sont les suivantes :

a) Centralisation des questions relatives aux machines, aux chaudières et aux divers appareils du service.

Documentation, études techniques, renseignements.

b) Centralisation et étude des questions relatives au fonctionnement du service «Machines» à bord des bâtiments de la Force navale (en liaison avec le 1er bureau).

Instruction et entraînement du personnel.

Conduite et entretien des appareils.

Conservation et emploi des combustibles et des matières grasses, vérification de l'observation des prescriptions réglementaires et de la tenue à jour des documents, registres et journaux du service.

c) Approvisionnements en combustibles, matières grasses et matières spéciales au service «Machines», approvisionnements en eau douce.

Situation des approvisionnements, prévision des besoins.

Ravitaillements (en liaison avec le 4e bureau et le service Intendance).

Surveillance des stocks constitués en dehors des bâtiments.

Renseignements sur les ressources utilisables dans la zone d'opérations.

d) Réparations des appareils du service «Machines».

Surveillance technique en liaison avec le service «Travaux et matériel ressortissant aux Constructions navales», des travaux exécutés par les moyens des bâtiments.

e) Exploitation en liaison avec le service «Travaux et matériel ressortissant aux constructions navales» des ateliers militaires flottants ou à terre du train de la Force navale.

f) Marchés et recettes concernant les travaux ou approvisionnements du service «Machines».

Concours technique et participation aux Commissions.

g) Exercices, essais et expériences (en liaison avec les 1er et 3e bureaux).

Préparation de la partie des programmes, instructions, ordres, comptes rendus et rapports, relevant de la compétence technique du service.

Participation aux Commissions.

ARTICLE 42.

Attributions du service Travaux et matériel ressortissant aux constructions navales. — Les attributions du service *Travaux et matériel ressortissant aux constructions navales* sont les suivantes :

a) Centralisation, examen et étude des questions relatives à l'architecture navale, aux travaux et au matériel ressortissant aux constructions navales.

Documentation (plans, devis d'armement, devis de campagne, registres historiques, etc. des bâtiments de la Force navale).

Questions relatives à la sécurité à bord des bâtiments.

Observations et renseignements techniques de toute nature sur le matériel français et étranger, en vue du perfectionnement de l'architecture navale.

b) Entretien, réparations, carénage.

Examen et étude de tout ce qui concerne l'entretien, les réparations et les modifications des bâtiments de la Force navale.

Liaison avec les Directions des Constructions navales des arsenaux et avec les chantiers privés.

Inspection des travaux exécutés par les arsenaux et les chantiers privés.

Surveillance technique, en liaison avec le service « Machines », des travaux exécutés par les ateliers flottants ou à terre du train de la Force navale.

Prévisions de carénage (en liaison avec les 1er et 3e bureaux).

Direction des travaux de carénage effectués par les moyens de la Force navale.

Renseignements sur les ressources industrielles utilisables dans la zone d'opérations.

Préparation des marchés de travaux passés directement par la Force navale, participation aux Commissions pour les marchés et recettes.

c) Essais et expériences.

Préparation de la partie des programmes relevant de la compétence technique du service.

Participation aux Commissions.

ARTICLE 43.

Attributions du service Intendance. — Les attributions du service *Intendance* sont les suivantes :

a Centralisation, examen et étude des questions relatives à l'administration et à la comptabilité, personnel, matériel et vivres.

b) Surveillance générale de l'administration et de la comptabilité à bord des bâtiments et dans les unités de la Force navale.

Contrôle de l'observation des prescriptions en vigueur, notamment en ce qui concerne les consommations de toute sorte et l'application exacte des tarifs et allocations.

Vérification au moins trimestrielle de la comptabilité des bâtiments et unités administratives de la Force navale.

Vérification périodique de la comptabilité des coopératives et bureaux de poste de bord, ainsi que celle des ateliers du train de la Force navale.

Établissement des rapports d'ensemble sur ces vérifications.

Surveillance administrative des bâtiments affrétés ou réquisitionnés.

Centralisation et étude des questions relatives au fonctionnement du service « Approvisionnements » à bord des bâtiments de la Force navale.

Alimentation des équipages, en liaison avec le Service de santé.

Contrôle des effectifs, en liaison avec le 1er Bureau.

c) Approvisionnement (matériel et vivres) des unités de la Force navale.

Récapitulation des situations des autres services, prévisions des besoins, centralisation de toutes les demandes d'approvisionnements.

Ravitaillements (en liaison avec le 4e bureau et les services intéressés).

Utilisation et répartition des approvisionnements du train de la Force navale.

Renseignements sur les ressources utilisables dans la zone d'opérations.

d) Établissement des cahiers des charges des adjudications, en liaison avec les services intéressés, passation des marchés, émission des traites destinées à acquitter les dépenses.

e) Application du code de justice militaire pour l'ar-

MÉE DE MER, ET ÉTUDES Y RELATIVES (EN LIAISON AVEC LE 1er BUREAU).

f) APPLICATION DU DROIT INTERNATIONAL ET ÉTUDES Y RELATIVES (EN LIAISON AVEC LE 2e BUREAU).

g) PARTICIPATION, QUAND L'UN DES NAVIRES INTÉRESSÉS EST UN NAVIRE DE COMMERCE, AUX ENQUÊTES SUR LES ABORDAGES ET AUX OPÉRATIONS D'ASSISTANCE ET DE SAUVETAGE, EN VUE DES RÈGLEMENTS D'INDEMNITÉS QUI EN DÉCOULENT.

ARTICLE 44.

Attributions du Service de santé. — Les attributions du service de « *Santé* » sont les suivantes :

a) CENTRALISATION DES QUESTIONS RELATIVES À L'HYGIÈNE ET À LA SANTÉ DU PERSONNEL.

Documentation, statistique, rapports.

b) CENTRALISATION ET ÉTUDE DES QUESTIONS RELATIVES AU FONCTIONNEMENT DU SERVICE SANITAIRE À BORD DES BÂTIMENTS ET DANS LES ORGANISMES DIVERS DE LA FORCE NAVALE.

Vérification de l'observation des prescriptions réglementaires sur l'hygiène et l'alimentation.

Inspections sanitaires à bord des bâtiments, sur l'ordre du Commandant de la Force navale.

Renseignements journaliers sur l'état des marins atteints de maladie grave, en traitement à bord.

Renseignements sur l'état des malades et blessés de la Force navale en traitement à terre.

c) MATÉRIEL ET APPROVISIONNEMENTS DU SERVICE SANITAIRE À BORD DES BÂTIMENTS.

Tenue à jour des situations, prévisions des besoins.

Ravitaillement, en liaison avec le service Intendance et le 4e bureau.

Participation aux Commissions des marchés ou recettes de vivres et médicaments.

d) SURVEILLANCE ET DIRECTION ÉVENTUELLE DES INSTALLATIONS DES NAVIRES HÔPITAUX OU FORMATIONS SANITAIRES À TERRE DÉPENDANT DE LA FORCE NAVALE.

e) ÉVACUATION DES MALADES ET DES BLESSÉS.

Mobilisation et mouvements des navires hôpitaux, en liaison avec le 4e bureau, commissions de santé.

ARTICLE 45.

Secrétariat. — Le Secrétariat de l'État-Major est dirigé par un officier. Il a pour attributions générales, la réception, l'enregistrement et l'expédition de la correspondance. Il est chargé des travaux de copie.

ARTICLE 46.

Section des Archives. — La section des archives est chargée du classement et de la conservation des documents de l'État-Major. Elle est dirigée par l'officier chef du secrétariat.

ARTICLE 47.

1. Section du Chiffre. — La section du chiffre, lorsqu'elle est constituée, est composée d'officiers. Elle a pour chef le plus ancien de ces officiers dans le grade le plus élevé.

Elle est chargée de chiffrer et de déchiffrer les télégrammes.

2. Elle relève du Chef du service des communications.

DEUXIÈME SECTION.

CABINET.

ARTICLE 48.

1. Cabinet du Commandant de la Force navale. — (1) « Dans certaines Forces navales un cabinet comprenant les officiers d'ordonnance auxquels est adjoint le personnel nécessaire est mis à la disposition du commandant de la Force navale.

« Le cabinet s'occupe des questions d'ordre privé concernant le commandant de la Force navale ainsi que des rela-

---

(1) Décret du 15 mai 1910 sur le service à bord des bâtiments de la Marine militaire.

tions extérieures n'intéressant pas directement l'action militaire de celle-ci ».

« Il reçoit directement à ce sujet les instructions du Commandant de la Force navale.

« En dehors de ce service particulier le personnel composant le cabinet relève de l'autorité du chef d'État-Major.

2. Le cabinet comporte un secrétariat particulier, il a la garde de ses propres archives.

TITRE II.

FONCTIONNEMENT DES ÉTATS-MAJORS DES FORCES NAVALES.

CHAPITRE IV.

FONCTIONNEMENT GÉNÉRAL DES BUREAUX ET DES SERVICES.

ARTICLE 49.

1. **Rapport journalier.** — Chaque jour au mouillage, et à la mer, si les circonstances le permettent, le chef d'État-Major réunit les sous-chefs d'État-Major, chefs des bureaux et chefs de service de son État-Major ; cette réunion prend le nom de rapport journalier.

2. Le chef d'État-Major y fixe la situation et fait connaître les décisions et intentions du Commandant de la Force navale. Il se fait rendre compte de l'état des affaires en cours, donne ses propres directives et précise la collaboration des bureaux et services.

3. Le chef d'État-Major peut lorsqu'il le juge utile convoquer au rapport journalier un officier de chaque État-Major des échelons inférieurs.

ARTICLE 50.

1. Chefs des Bureaux et services. Dans chaque bureau ou service le chef de bureau ou de service répartit les affaires entre les officiers dont il dispose. Il s'attache dans la mesure du possible à confier au même officier les affaires de même nature.

2. Il indique et au besoin précise les vues suivant lesquelles doivent être traitées les questions d'après les directives du chef d'État-Major.

3. Il veille à ce que tous les officiers du bureau ou service soient au courant des affaires en cours et du sens dans lequel elles sont conduites.

4. Lorsqu'une affaire concerne plusieurs bureaux ou services il s'applique à réaliser une entente étroite dans la collaboration tout en respectant strictement les attributions des autres bureaux ou services intéressés.

5. Lorsqu'une question amène en cours d'étude une divergence de vues entre bureaux et services le différend est soumis au chef d'État-Major par le chef de bureau ou de service qui a eu l'initiative de l'étude.

ARTICLE 51.

Officiers des bureaux et des services. — Les officiers des bureaux et des services traitent les affaires qui leur sont confiées, non d'après leurs vues personnelles mais d'après celles du Commandement.

ARTICLE 52.

1. Secrétaires. Les secrétaires employés dans les bureaux et les services aident les officiers dans la partie matérielle de leur tâche.

2. Ils concourent à l'établissement des états, pièces périodiques, tableaux et contrôles ; ils collaborent à l'établissement des plans et graphiques.

CHAPITRE V.

DE LA CORRESPONDANCE.

PREMIÈRE SECTION.

GÉNÉRALITÉS.

ARTICLE 53.

1. Définition de la correspondance. — La *correspondance* est l'ensemble des documents expédiés et reçus par l'État-Major.

2. Elle comprend :

a) Les *lois, décrets, arrêtés, règlements* et *publications diverses ;*

b) La *correspondance* écrite, dont les pièces sont acheminées par la voie ordinaire du courrier;

c) Les *messages*, dont le texte seul, à l'exclusion du document lui-même est transmis par communications optiques, phoniques ou électriques.

ARTICLE 54.

Affaires secrètes. — La mention «*Secret*» est réservée aux affaires dont la divulgation doit être rigoureusement évitée.

Ces affaires sont traitées exclusivement par des officiers. Les pièces qui s'y rapportent sont écrites ou dactylographiées de la main des officiers ou sous leur surveillance immédiate.

SECTION DEUXIÈME.

CORRESPONDANCE ÉCRITE.

ARTICLE 55.

Modes de correspondance écrite. — Les modes habituellement employés pour la correspondance écrite sont les instructions, les ordres, les rapports, les comptes rendus, les lettres, les circulaires, les notes, les communications, les comptes rendus et bulletins de renseignements, les états, les bordereaux d'envoi.

Pour les affaires courantes qui peuvent être constamment traitées sous la même forme on se sert de formules imprimées dont les modèles sont indiqués par les règlements et les circulaires ministérielles en vigueur.

ARTICLE 56.

1. Établissement de la correspondance écrite. — L'établissement de la correspondance écrite comporte en général de la part des bureaux ou services, l'élaboration d'un *projet* soumis à l'examen de l'autorité qualifiée.

2. Après approbation, le projet recopié est présenté à la signature de l'autorité qui a qualité pour signer. Tout exemplaire signé de la main de celle-ci est dénommé *original.*

3. Pour les affaires de peu d'importance ou en cas d'urgence l'original peut être établi sans projet préalable.

ARTICLE 57.

1. Réduction de la correspondance écrite. — Les officiers des divers bureaux et services rédigent dans la limite de leurs attributions respectives tout ou partie de la correspondance.

2. La rédaction de la correspondance doit être méthodique, claire, précise et concise.

3. En principe un même document ne doit traiter que d'une seule affaire.

Si un même document doit renfermer des questions diverses il est divisé en autant de parties distinctes qu'il y a de questions à traiter.

4. Les dates et heures importantes sont écrites en chiffres et en toutes lettres; les heures sont comptées de 0 à 24 et suivies, chaque fois que cette précision est nécessaire de l'indication du « temps » auquel elles sont rapportées.

5. Les formules de courtoisie ne sont employées que pour la correspondance adressée aux personnalités ne faisant pas partie des administrations publiques françaises.

6. Les documents doivent porter .

a) Le timbre de chaque bureau ou service ayant collaboré à la rédaction (1).

b) Les noms et fonctions de l'expéditeur;

c) Les fonctions caractérisant la ou les autorités destinataires (dans le cas où le document doit parvenir au destinataire par l'intermédiaire d'une autre autorité, mention doit être faite de l'autorité intermédiaire à laquelle le document est adressé et de l'autorité pour laquelle il a été rédigé et qui est en fait le destinataire définitif) ;

d) L'objet du document;

e) S'il y a lieu, l'indication des documents antérieurs auxquels le document se réfère (références) ou qui y sont joints (pièces jointes).

f) La liste des exemplaires divisée en :

Destinataires ou autorités à qui s'adresse le document;
Copies envoyées aux autorités à qui le Commandement juge utile d'en donner connaissance.

7. Le lieu, la date et s'il y a lieu l'heure de la signature sont inscrits par le secrétariat en tête du document après que celui-ci a été signé; la date d'un document est celle de sa signature.

8. Une copie d'un document établi par l'État-Major est remise à chaque bureau ou service dont le timbre figure sur le document ainsi qu'à chaque organe de l'État-Major qui doit le connaître.

La section des archives reçoit deux exemplaires accompagnés du projet.

La mention des copies destinées à l'État-Major doit figurer sur le projet mais non sur le document lui-même.

9. Un type de lettre est joint au présent règlement (modèle n° 1, type de lettre).

ARTICLE 58.

1. Numéro de référence. — Tout document écrit reçoit immédiatement après sa signature un numéro dit de *référence* qui lui est propre et le caractérise.

Si le document a plusieurs destinataires le numéro de référence est unique pour toutes les expéditions.

---

(1) Par abréviation le service « Travaux et matériel ressortissant aux Constructions navales » a pour timbre « *Service Constructions navales* ».

2. Le numérotage de référence est établi par bureaux et services dans l'ordre chronologique sans avoir égard à la nature des documents. Il est continu pour chaque bureau et service du 1er janvier d'une année au 1er janvier de l'année suivante. L'emploi de numéros *bis* est interdit.

Le numéro de référence comporte un nombre précédant l'un des groupes conventionnels *EM 1, EM 2, EM 3, EM 4, CO, Art., SM EL, Aéro, Mach., CN, Int., Santé*, suivant que le premier timbre est celui du 1er, 2e, 3e ou 4e bureau ou de l'un des services Communications, Artillerie, Armes sous-marines, et Électricité, Aéronautique, Machines, Travaux et matériel ressortissant aux Constructions navales, Intendance, Santé.

3. Le numéro de référence est inscrit sur le document par le secrétariat de l'État-Major.

ARTICLE 59.

1. Numéro de série. — Le numéro de référence peut être accompagné d'un numéro de *série*, une série réunissant des documents de même nature.

2. Le numéro de série est inscrit sur le document par le bureau ou service désigné pour chaque série par les instructions du chef d'État-Major.

ARTICLE 60.

Voie hiérarchique. — Dans l'acheminement de la correspondance écrite la voie hiérarchique doit être suivie tant avec les inférieurs qu'avec les supérieurs. On ne peut s'en affranchir en dehors des circonstances et des conditions prévues par les instructions ministérielles que lorsqu'elle risque d'entraîner des retards préjudiciables au bien du service; dans ce cas, chaque fois qu'il est possible une ampliation doit être adressée par la voie hiérarchique.

ARTICLE 61.

1. Réduction des écritures. — Le chef d'État-Major doit se préoccuper constamment de diminuer le travail d'écritures soit dans l'État-Major qu'il dirige, soit dans les États-Majors des échelons inférieurs ainsi que dans les diverses unités et organismes de la Force navale.

A cet effet, lorsqu'il y a lieu de communiquer une pièce *in extenso*, le chef d'État-Major en fait établir et adresser aux éléments subordonnés un nombre d'exemplaires suffisant pour que ces derniers puissent en envoyer à chacun des intéressés placés sous leurs ordres.

2. Le chef d'État-Major veille à ce qu'il ne soit demandé aux unités et divers organismes de la Force navale que les renseignements, situations et états indispensables.

ARTICLE 62.

Enregistrement de la correspondance écrite. — Toutes les pièces de correspondance écrite sont enregistrées au secrétariat de l'État-Major dans les conditions définies aux articles 86 et 90.

ARTICLE 63.

1. Tableaux contrôles. — Les bureaux et les services tiennent à jour en ce qui les concerne des tableaux ou contrôles mentionnant :

a) Les pièces périodiques à recevoir ou à expédier;

b) La répartition des unités, leurs mouvements, leur disponibilité, leur situation en personnel, en matériel et en approvisionnements.

2. Les bureaux et services établissent également et d'après les instructions du chef d'État-Major la nomenclature des documents qui doivent être soumis à la signature du commandant de la Force navale ainsi que la liste des autorités déléguées pour la signature dans les conditions prévues à l'article 8 du présent règlement.

TROISIÈME SECTION.

DES MESSAGES.

ARTICLE 64.

Emploi des messages. — Les messages sont utilisés en cas de nécessité ou d'urgence ou en vue de réaliser une transmission plus facile.

ARTICLE 65.

Messages des livres de signaux. — Certains messages ont une rédaction préalablement établie dans les différents livres de signaux.

ARTICLE 66.

1. Rédaction des messages. — Les messages autres que ceux dont il est question à l'article précédent sont établis dans des conditions analogues à celles prescrites pour la correspondance écrite aux articles 56 et 57, dans la mesure compatible avec le mode de correspondance par messages.

2. Les messages doivent être rédigés de la manière la plus concise mais sans nuire à la clarté ni prêter à fausse interprétation.

Les indications numériques doivent être inscrites en toutes lettres.

Les différentes phrases sont séparées les unes des autres par le mot *stop* ou par des indications de ponctuation.

3. L'heure et la date d'un télégramme, c'est-à-dire celle de l'approbation du texte par l'autorité responsable, sont inscrites à la fin du texte sous la forme de trois groupes de chiffres séparés par une barre de fraction; le premier groupe indique l'heure, le deuxième le quantième du mois, le troisième le numéro du mois dans l'année. L'heure est rapportée au temps moyen de Greenwich. Ainsi un télégramme de 20 h. 45 le 6 décembre sera terminé par 20 45/6/12.

ARTICLE 67.

1. Confirmation des messages. — Chaque fois qu'il est possible, les messages importants, dont la transmission exacte ne peut être considérée comme certaine, sont confirmés par écrit. Cette confirmation est établie et enregistrée dans les conditions prescrites pour la correspondance écrite et doit être acheminée par une voie sûre.

Si un tel message a été adressé directement au destinataire sans suivre la voie hiérarchique la confirmation est généralement transmise par la voie hiérarchique.

2. Toute communication téléphonique d'une décision engageant la responsabilité de l'autorité dont elle émane doit être confirmée par écrit ou par télégramme.

ARTICLE 68.

1. Télégrammes chiffrés. — Le texte en clair des télégrammes chiffrés est toujours considéré comme secret.

2. Les précautions les plus minutieuses doivent être prises pour éviter que le secret des codes puisse être surpris.

En aucun cas un télégramme ne doit comprendre à la fois une partie chiffrée et une partie en clair.

Aucune allusion à l'objet d'un télégramme chiffré ne doit figurer dans un message en clair ou une correspondance écrite non secrète.

La réponse par message à un télégramme chiffré est toujours chiffrée.

3. La confirmation écrite d'un télégramme chiffré est secrète. Elle peut être elle-même chiffrée. Si elle est rédigée en clair le texte sera une paraphrase très différente comme forme de la reproduction du télégramme correspondant.

4. La transmission par télégrammes chiffrés exige dans la rédaction un soin particulier pour éviter les confusions.

Il y a avantage à répéter certains mots importants ou dont la transmission est sujette à erreur en faisant précéder la répétition de l'expression «je dis» ou d'une expression analogue.

La ponctuation doit être nettement indiquée en vue du chiffrement.

ARTICLE 69.

Limitation des messages. — Le chef d'État-Major veille à ce qu'il ne soit pas fait dans l'État-Major un usage exagéré des communications par messages, particulièrement par message sans fil.

ARTICLE 70.

1. Enregistrement des messages. — Les messages expédiés par les moyens du service Communications sont enregistrés par ce service.

En outre tous les télégrammes, quelle que soit la voie de transmission, sont enregistrés à la section du Chiffre, ou lorsqu'elle n'est pas constituée, au secrétariat de l'État-Major, dans les conditions définies aux articles 96, 99 et 103.

ARTICLE 71.

1. Numérotage des messages. — Le numéro d'enregistrement au départ donné à un télégramme par la section du Chiffre sert à celui-ci de numéro de référence, il est transmis en tête du texte après l'adresse.

Il peut être fait usage de numéros de référence pour les messages autres que les télégrammes. Ces numéros sont donnés par le service « Communications ».

QUATRIÈME SECTION.

INSTRUCTIONS, ORDRES, COMPTES RENDUS, RAPPORTS.

ARTICLE 72.

1. Décisions. — Les *décisions* du Commandement s'expriment par des *instructions* et des *ordres*.

2. Les instructions et les ordres doivent être brefs mais contenir tout ce qui est nécessaire pour bien faire comprendre la pensée du Commandement.

Le chef qui les donne ne doit pas laisser à ses inférieurs la charge de prescrire les mesures dont la responsabilité lui incombe normalement. Par contre il évitera généralement d'entraver leur initiative en entrant dans des détails d'exécution.

ARTICLE 73.

1. Instruction. — L'instruction a pour objet d'orienter les autorités subordonnées en leur fournissant les indications indispensables pour agir en toute circonstance conformément aux vues du Commandement.

Elle indique la pensée générale et expose les intentions du chef. Elle fixe le but à atteindre et prévoit des éventualités. Elle peut être valable pour une période plus ou moins longue.

2. Les instructions écrites d'opérations qui développent complètement la pensée du chef sont toujours des documents personnels et secrets, c'est-à-dire qui ne doivent être communiqués qu'aux personnes ayant qualité pour en prendre connaissance.

3. Les instructions d'opérations sont généralement complétées par des ordres fixant les conditions d'exécution de l'opération prescrite.

ARTICLE 74.

1. Ordre. — L'ordre contient des prescriptions précises applicables dans des conditions nettement déterminées.

Il comporte tout ce qui est nécessaire aux subordonnés pour son exécution et rien de plus.

ARTICLE 75.

1. Ordre préparatoire. — L'ordre préparatoire est destiné à donner aux subordonnés les indications nécessaires pour que ceux-ci puissent prendre leurs dispositions initiales en temps utile.

2. L'ordre préparatoire est employé, en opérations, dans le cas où le Commandement se réserve de ne fixer qu'au dernier moment le jour et l'heure de l'exécution. En ce cas l'ordre préparatoire contient toutes les dispositions d'un ordre d'opérations, mais les dates et heures figurant dans son texte sont exprimées en fonction d'un jour « J » et d'une heure « H » qu'un ordre d'exécution fera connaître ultérieurement.

3. L'ordre préparatoire est toujours suivi d'un ordre d'exécution.

ARTICLE 76.

1. Dispositions générales applicables aux instructions et aux ordres. — La transmission des instructions et des ordres doit suivre la voie hiérarchique sans omission d'aucun intermédiaire, excepté en cas de nécessité ou d'urgence. Dans ce cas, s'il s'agit de décisions relatives à des opérations ou de décisions importantes de nature à intéresser l'autorité intermédiaire, le chef qui donne l'ordre informe celle-ci et celui qui reçoit l'ordre en rend compte sans retard à son chef immédiat.

2. Les instructions ou ordres reçus à chaque échelon de la hiérarchie sont transformés sans retard à l'usage des subordonnés immédiats, soit en nouvelles instructions et nouveaux ordres soit en nouveaux ordres seulement. En effet, la substance et la forme des prescriptions du Commandement varient avec la nature et l'importance des groupes auxquels ces prescriptions s'adressent.

3. Il peut être fait usage d'instructions ou ordres sous pli cacheté à n'ouvrir que dans des circonstances définies.

4. Les instructions ou ordres sont dits généraux ou particuliers suivant qu'ils s'adressent à la totalité ou seulement à une fraction des éléments placés sous le commandement de l'autorité qui les donne.

5. Les instructions ou ordres d'opérations constituent deux séries spéciales telles qu'elles sont définies à l'article 59. L'une contient réunis les instructions et ordres généraux, l'autre les instructions et ordres particuliers.

ARTICLE 77.

1. **Rédaction des instructions et ordres d'opérations.** — Les officiers chargés de rédiger des instructions ou des ordres d'opérations doivent apporter la plus sérieuse attention à traduire exactement et sans déformation aucune les intentions du Commandement.

2. La rédaction d'une instruction ou d'un ordre d'opérations doit permettre une lecture facile et une consultation commode par les différents destinataires. C'est en se plaçant au seul point de vue de ces derniers que doit être fait le groupement des dispositions contenues dans l'instruction ou l'ordre d'opérations.

3. En transformant à l'usage des éléments immédiatement subordonnés les instructions et ordres d'opérations reçus de l'autorité supérieure, les officiers chargés de rédiger les nouvelles instructions ou les nouveaux ordres doivent avoir présents à l'esprit les inconvénients qu'il peut y avoir, en ce qui concerne la conservation du secret des opérations, à reproduire l'ensemble des prescriptions de l'autorité supérieure.
Parfois les indications relatives à la conception générale et aux intentions du commandement pourront n'être communiquées que verbalement.

4. Une instruction d'opérations est plus ou moins détaillée suivant la situation et suivant l'autorité à laquelle elle s'adresse.
Dans tous les cas elle contient obligatoirement les indications suivantes :

Renseignements sur l'ennemi et hypothèses plausibles qui s'en déduisent;
Intentions du chef, but à atteindre;
Mission du groupe ou de l'unité à laquelle s'adresse l'instruction et mission des groupes ou des unités voisines.

L'instruction d'opérations porte la date de sa signature et exceptionnellement l'indication de l'heure.

5. Les ordres d'opérations doivent être rédigés d'après un

cadre uniforme exposant la *situation* puis fixant la *mission* et enfin prescrivant les conditions d'*exécution*.

L'exposé de la *situation* informe les subordonnés de ce que le Commandement juge utile de leur faire connaître soit au sujet de l'ennemi, soit au sujet des forces amies participant à l'opération soit directement, soit en liaison, ainsi que des missions que celles-ci ont reçues. Les informations relatives à l'ennemi peuvent être remplacées par un bulletin de renseignements annexé à l'instruction ou à l'ordre.

La *mission* exprime en termes concis et nets la volonté du chef et fixe le but à atteindre.

Les conditions d'*exécution* comprennent les diverses mesures prescrites par le Commandement en vue de réaliser ses intentions. Elles sont exposées dans l'ordre suivant :

a) La constitution des forces participant à l'opération;

b) Les mouvements et la conduite des éléments appelés à agir les premiers pour l'exécution de l'ordre, ou de ceux qui sont le plus près de l'ennemi;

c) Les mouvements et la conduite du gros des forces ainsi que des groupes qui l'accompagnent (établir autant de paragraphes qu'il existe de subdivisions du gros ou qu'il existe de groupes annexes);

d) Les mesures relatives aux bâtiments auxiliaires;

e) Les mesures relatives au ravitaillement;

f) Les prescriptions d'ordre général s'appliquant à l'ensemble des forces (navigation-signaux, liaisons, etc.).

L'ordre d'opérations porte obligatoirement la date et l'heure de sa signature.

L'ordre d'opérations doit indiquer la ou les cartes auxquelles il se réfère.

Les paragraphes sont numérotés à se suivre, du commencement à la fin du texte sans tenir compte de la division en *situation*, *mission* et *exécution*.

6. Un type d'ordre d'opérations est joint au présent règlement (modèle n° 2 — type d'ordre d'opérations).

ARTICLE 78.

1. Rédaction des instructions et des ordres autres que ceux d'opérations. — Les instructions et ordres autres que ceux d'opérations sont trop variés pour qu'ils puissent se plier à un cadre uniforme. Leur rédaction dévra toujours traduire exactement et sans déformation aucune la pensée du Commandement et permettre une lecture facile et une consultation commode; elle devra être conçue dans le même esprit de classement méthodique que la rédaction des instructions et ordres d'opérations.

En particulier, dans l'établissement des instructions et ordres du temps de paix relatifs à des mouvements de groupes ou d'unités, les officiers devront s'efforcer de se rapprocher des dispositions prescrites à l'article 77.

ARTICLE 79.

1. **Envoi des instructions et des ordres.** — Les instructions et les ordres sont envoyés par écrit ou transmis par message.

2. Dans des circonstances exceptionnelles, les ordres peuvent être donnés verbalement.

Dans ce cas, s'il s'agit d'ordres engageant la responsabilité de l'autorité dont ils émanent, ils sont confirmés par écrit ou à défaut par message, même si la confirmation doit arriver après le commencement de l'exécution.

3. Le Commandement ne doit jamais perdre de vue que l'ordre verbal ne permet pas de préciser les responsabilités respectives du chef et des subordonnés et qu'il n'offre aucune garantie contre les inexactitudes d'interprétation.

ARTICLE 80.

1. **Comptes rendus et rapports.** — Tout commandant de groupe, ou d'unité, tient son chef au courant de l'exécution des ordres qu'il a reçus de lui, ainsi que des faits importants de nature à l'intéresser; en particulier en temps de guerre il doit lui rendre compte de ses opérations et le renseigner sur tout ce qu'il sait de l'ennemi.

Il lui adresse à cet effet des comptes rendus et des rapports.

2. Le compte rendu est une relation sommaire d'un fait ou d'une situation établie au moment même où les événements se sont produits ou sont parvenus à la connaissance de celui qui en rend compte.

Tout événement de nature à intéresser immédiatement le supérieur fait l'objet d'un compte rendu transmis par la voie appropriée à son urgence.

Le Commandement peut prescrire l'envoi de comptes-rendus périodiques.

Le compte rendu est écrit ou fait l'objet d'un message; exceptionnellement il peut être verbal.

3. Le rapport est un exposé complet d'un fait ou d'une situation.

Tout événement important donne lieu à l'établissement d'un rapport rédigé aussitôt que possible. Si cet événement a fait l'objet de comptes rendus antérieurs, le rapport les confirme, les complète et les coordonne.

Le Commandement peut prescrire l'envoi de rapports périodiques.

Le rapport est *toujours écrit*. En cas d'urgence il peut être transmis par message; il est confirmé ensuite par écrit.

4. Lorsqu'ils en ont reçu l'ordre ou qu'ils le jugent nécessaire, les commandants de groupes adressent à leur chef *«à titre de comptes rendus»* une ampliation des instructions et ordres qu'ils ont donnés en exécution de ses décisions.

ARTICLE 81.

1. Rédaction des rapports d'opérations. — Les rapports d'opérations doivent comprendre, dans l'ordre suivant:

a) L'énoncé de la mission reçue du chef et s'il y a lieu la référence à l'instruction ou à l'ordre qui l'a prescrite;

b) L'exposé de la situation locale au moment de la réception de la mission;

c) L'indication des moyens d'action mis en œuvre et le compte-rendu de leur utilisation ainsi que l'exposé des circonstances qui ont caractérisé les phases diverses de l'exécution;

d) Les résultats obtenus;

e) Les pertes et la situation des éléments restant disponibles pour une mission ultérieure.

2. La forme d'un rapport d'opérations est la même que celle d'une lettre (voir modèle n° 1, type de lettre joint au présent règlement).

ARTICLE 82.

1. Rédaction des rapports autres que ceux d'opérations. — Les rapports autres que ceux d'opérations doivent être rédigés d'après un plan clair et logique. Les conclusions doivent être mises en évidence.

Lorsqu'un rapport contient des propositions, celles-ci doivent être résumées à la fin, séparément et en termes fermes et nets.

2. Un plan uniforme pour l'établissement des rapports de même nature peut être prescrit par l'autorité supérieure.

3. A défaut de plan imposé, les rapports de mission et de mer seront établis en s'inspirant du plan défini à l'article 81.

CINQUIÈME SECTION.

FONCTIONNEMENT DU SECRÉTARIAT.

ARTICLE 83.

1. **Fonctionnement général.** — Le secrétariat enregistre à l'arrivée et au départ les pièces de correspondance écrite à l'exception des états périodiques ou des pièces que le chef d'État-Major juge inutile de soumettre à cette formalité.

Il est déchargé par la section du Chiffre et le service des communications de la réception et de l'expédition des messages, mais reçoit de ces organes la récapitulation journalière des messages émanant de l'État-Major ou arrivant à celui-ci.

2. Les cahiers d'enregistrement du secrétariat font foi que telle pièce a été reçue ou expédiée à telle date mais ne doivent en aucune façon être utilisés comme répertoires.

3. Le Secrétariat assure tous les travaux de copie de l'État-Major.

4. Il laisse à la section des archives le soin de la conservation de la correspondance; toutefois pour la facilité du travail de l'État-Major, il conserve généralement et tient à jour les documents tels que : lois, décrets, arrêtés, règlements.

ARTICLE 84.

1. **Officier chef du Secrétariat.** — L'officier chef du Secrétariat est responsable vis-à-vis du chef d'État-Major du fonctionnement du Secrétariat.

2. Il répartit les pièces destinées à l'État-Major entre les divers organes de celui-ci conformément aux instructions du chef d'État-Major.

3. Il établit suivant les instructions du chef d'État-Major un ordre d'urgence pour les travaux de copie confiés au Secrétariat par les bureaux et les services.

4. Il tient les chefs de bureau et de service au courant de la transmission de la correspondance établie par eux.

5. Il surveille spécialement et d'une façon immédiate les pièces secrètes. Il ouvre personnellement la correspondance secrète et l'enregistre dans les conditions définies aux articles 86, § 5 et 90, § 5 ci-après.

Il reçoit personnellement les télégrammes secrets remis par la section du Chiffre au Secrétariat et prend toutes précautions utiles pour en interdire la divulgation.

Il assure, en ce qui concerne son service, l'exécution des mesures prescrites par le chef d'État-Major pour éviter les indiscrétions dans l'établissement et la communication de la correspondance secrète.

6. Il règle les relations entre le Secrétariat et la section des Archives.

ARTICLE 85.

1. Réception de la correspondance. — La correspondance est dépouillée par le personnel désigné du Secrétariat sous la surveillance et la direction de l'officier chef du Secrétariat.

ARTICLE 86.

1. Enregistrement et répartition de la correspondance écrite à l'arrivée. — Toute correspondance écrite provenant d'une autorité extérieure à l'État-Major est réputée «arrivant» et enregistrée à l'arrivée.

2. L'enregistrement de la correspondance écrite à l'arrivée constitue la prise en charge de celle-ci par l'État-Major. Toute pièce arrivant reçoit un numéro d'enregistrement.

3. Le numérotage d'enregistrement à l'arrivée est établi dans l'ordre chronologique sans avoir égard à la nature ou à la provenance des pièces. Il est continu du 1er janvier d'une année au 1er janvier de l'année suivante. L'emploi des numéros *bis* est interdit.

Le numéro d'enregistrement à l'arrivée est inscrit sur la pièce.

4. Le cahier d'enregistrement à l'arrivée est conforme au modèle joint au présent règlement (modèle n° 3, cahier d'enregistrement des pièces à l'arrivée).

5. L'enregistrement à l'arrivée est unique pour l'ensemble de la correspondance écrite secrète et non secrète. En ce qui concerne les pièces secrètes l'officier chef du Secrétariat ne fait inscrire sur le cahier d'enregistrement du Secrétariat ni l'analyse sommaire de la pièce ni le nombre de pièces jointes. Ces indications sont remplacées par la mention « Secret » dans la colonne réservée à l'analyse sommaire, et figurent sur un cahier d'enregistrement secret de forme identique à celle du cahier d'enregistrement du Secrétariat; ce cahier d'enregistrement secret est tenu et conservé sous la surveillance immédiate de l'officier chef du Secrétariat.

6. Après enregistrement et suivant les ordres de l'officier chef du Secrétariat les pièces sont remises pour examen et suite à y donner soit directement aux chefs des bureaux et des services, soit au chef d'État-Major lui-même.

Les pièces ainsi rémises ne doivent ensuite changer de main que par l'intermédiaire du Secrétariat.

ARTICLE 87.

Copies des pièces reçues. — Le Secrétariat établit conformément aux instructions du chef d'État-Major les copies des pièces reçues qui sont nécessaires pour leur communication aux éléments subordonnés ainsi qu'aux différents bureaux et services de l'État-Major.

ARTICLE 88.

Signature des pièces au départ. — Le Secrétariat reçoit les projets établis par les bureaux et services et approuvés par l'autorité qualifiée :

a) Il établit pour chacun d'eux le nombre d'exemplaires nécessaires.

b) Il prépare les pièces pour la signature, mentionne les noms et qualité du signataire lorsque celui-ci est différent de l'expéditeur et, avant la signature, les soumet au collationnement du bureau ou service dont le timbre figure en tête.

c) Immédiatement après la signature il inscrit sur tous les exemplaires d'un même document le numéro de référence défini à l'article 58, le lieu, la date et s'il y a lieu l'heure (1) de la signature.

---

(1) L'heure doit figurer sur les ordres d'opérations (voir art. 77).

ARTICLE 89.

1. Tirage d'un document écrit au départ. — Le nombre d'exemplaires à faire établir pour un document écrit émanant de l'État-Major doit permettre d'en adresser :

a) Un exemplaire à chaque destinataire;

b) Un exemplaire à chaque autorité figurant sur le document à la rubrique copies;

c) Un exemplaire à chaque bureau ou service de l'État-Major dont le document porte le timbre ou qui est indiqué sur le projet;

d) Deux exemplaires aux archives (accompagnés du projet).

2. Lorsque le document comporte un destinataire unique, l'original lui est adressé.

Lorsque les destinataires sont multiples et qu'il n'a été signé en original qu'un seul exemplaire, celui-ci fait partie des deux exemplaires destinés aux archives, chaque destinataire en recevant une ampliation.

ARTICLE 90.

1. Enregistrement au départ de la correspondance écrite. — Toute correspondance écrite destinée à une autorité extérieure à l'État-Major est réputée «partant» et enregistrée au départ.

2. L'enregistrement de la correspondance écrite au départ constitue la «décharge» du Secrétariat en ce qui concerne les pièces expédiées.

3. Toute pièce partant reçoit un numéro d'enregistrement; si un même document est adressé à plusieurs destinataires, chaque expédition reçoit un numéro d'enregistrement distinct. Le numérotage d'enregistrement au départ est établi dans l'ordre chronologique, sans avoir égard à la nature ou à la destination des pièces. Il est continu du 1er janvier d'une année au 1er janvier de l'année suivante. L'emploi des numéros *bis* est interdit.

Le numéro d'enregistrement au départ ne figure pas sur la pièce. Il est inscrit sur l'enveloppe ou le bordereau d'envoi et sert à l'établissement éventuel des reçus au cours de la distribution des plis.

4. Le cahier d'enregistrement au départ est conforme au modèle joint au présent règlement (modèle n° 4, cahier d'enregistrement des pièces au départ).

5. L'enregistrement au départ est unique pour l'ensemble de la correspondance écrite, secrète et non secrète. En ce qui concerne les pièces secrètes l'officier chef du Secretariat ne fait inscrire sur le cahier d'enregistrement du Secrétariat ni l'analyse sommaire de la pièce ni le nombre de pièces jointes. Ces indications sont remplacées par la mention «secret» dans la colonne réservée à l'analyse sommaire et figurent sur un cahier d'enregistrement secret de forme identique à celle du cahier d'enregistrement du Secrétariat. Ce cahier d'enregistrement secret est tenu et conservé sous la surveillance immédiate de l'officier chef du Secrétariat.

ARTICLE 91.

1. **Expédition de la correspondance écrite.** — Le Secrétariat assure l'expédition de la correspondance écrite.

2. Il établit les adresses, bordereaux, reçus, fiches de recommandation postale, etc.

3. Il remet les plis au service d'expédition (vaguemestre, embarcations, etc.).

ARTICLE 92.

1. **Pièces en communication temporaire.** — Les pièces en communication temporaire sont suivies sur un cahier d'enregistrement particulier divisé en deux parties «arrivée» «départ» et utilisé tant pour les documents appartenant à l'État-Major et envoyés en communication temporaire à l'extérieur que pour ceux qui lui parviennent dans les mêmes conditions. Le cahier d'enregistrement des pièces en communication temporaire est conforme au modèle joint au présent règlement (modèle n° 5, cahier d'enregistrement des pièces en communication temporaire).

2. L'enregistrement des pièces secrètes en communication temporaire fait l'objet de la tenue d'un cahier secret dans les conditions identiques à celles prescrites pour l'enregistrement des pièces secrètes aux articles 86, § 5 et 90, § 5.

ARTICLE 93.

1. **Indications à fournir au secrétariat.** — Le secrétariat reçoit du chef d'État-Major : la nomenclature des documents qui doivent être soumis à la signature du commandant de la force navale ainsi que la liste des personnalités de l'État-Major déléguées pour la signature des divers documents de correspondance, avec mention de l'étendue de leur délé-

gation telle qu'elle résulte des instructions du commandant de la Force navale.

2. Il reçoit du 3e bureau la situation des bâtiments, leurs mouvements prévus et tous renseignements utiles à l'expédition de la correspondance.

ARTICLE 94.

1. Récapitulations journalières des messages. — Le secrétariat reçoit de la section du Chiffre une récapitulation journalière sur feuilles numérotées des télégrammes reçus ou expédiés. Cette récapitulation remplace l'enregistrement prévu pour la correspondance écrite.

2. Il reçoit également et dans les mêmes conditions, du service des communications une récapitulation journalière des divers messages autres que les télégrammes reçus ou expédiés par ce service.

3. Le secrétariat établit et communique les copies des messages couformément aux instructions du chef d'État-Major.

4. Les télégrammes secrets sont confiés à la surveillance immédiate de l'officier chef du secrétariat.

ARTICLE 95.

1. Organisation matérielle du secrétariat. — Le secrétariat dispose des moyens matériels de reproduction et de dessin en rapport avec l'importance de la Force navale (imprimerie, appareils de multiplication, machines à écrire, etc.).

2. Il comporte généralement pour l'enregistrement et la copie de la correspondance secrète un local, séparé du reste du secrétariat, et à l'abri de toute indiscrétion possible.

SIXIÈME SECTION.

FONCTIONNEMENT DE LA SECTION DU CHIFFRE.

ARTICLE 96.

1. Fonctionnement général. — La section du Chiffre assure la traduction des télégrammes chiffrés quelle que soit la voie de transmission employée, à l'exception toutefois de ceux dont le commandant de la Force navale ou le chef d'État-Major jugent nécessaire de confier la traduction à d'autres officiers pris en dehors de cette section.

2. Elle enregistre tous les télégrammes chiffrés et non chiffrés arrivant à l'État-Major ou expédiés par lui; elle en adresse une récapitulation journalière au secrétariat de l'État-Major.

3. Le fonctionnement de la section du Chiffre est réglé par le chef d'État-Major, sur la proposition du chef du service des «communications».

ARTICLE 97.

1. Officier chef de la section du Chiffre. — L'officier chef de la section du Chiffre est responsable vis-à-vis du chef du service «communications» du fonctionnement de la section du Chiffre.

2. Il prend dans sa section les mesures nécessaires pour éviter toute indiscrétion.

3. Les codes et documents secrets de la section du Chiffre lui sent personnellement confiés; il en assure la conservation et la mise à jour.

ARTICLE 98.

1. Devoir des officiers du Chiffre. — Les officiers du Chiffre doivent être d'une discrétion absolue et apporter une attention extrême à conserver le secret de leurs opérations.

2. Les brouillons de traductions sont incinérés.

3. Les codes, les grilles, tables de transformation et autres documents relatifs au Chiffre sont conservés sous clef lorsqu'ils ne sont pas en usage.

4. Les officiers du Chiffre veillent à ce qu'en aucun cas les télégrammes chiffrés ne puissent être rapprochés de leur traduction en dehors du local du Chiffre.

ARTICLE 99.

1. Enregistrement des télégrammes à l'arrivée et au départ. — Les enregistrements à l'arrivée et au départ sont distincts. Ils constituent respectivement la prise en charge des télégrammes reçus par l'État-Major et la décharge de ceux expédiés par lui.

2. Tout télégramme arrivant ou partant reçoit un numéro d'enregistrement. Le numérotage, distinct pour l'arrivée et le départ est chronologique et continu du 1er janvier d'une année au 1er janvier de l'année suivante.

3. L'enregistrement est unique pour les télégrammes chiffrés ou non chiffrés. Il comporte la transcription intégrale du texte en clair des télégrammes, sauf pour ceux qui sont traduits en dehors de la section du Chiffre dans les conditions définies à l'article 96, § 1.

4. Les cahiers d'enregistrement des télégrammes à l'arrivée et au départ sont conformes aux modèles joints au présent règlement (modèle n° 6 cahier d'enregistrement des télégrammes à l'arrivée, modèle n° 7 cahier d'enregistrement des télégrammes au départ).

5. Les cahiers d'enregistrement des télégrammes à l'arrivée et au départ sont des documents qui font foi. Ils sont secrets et ne doivent sortir du local de la section du Chiffre que sur l'ordre du commandant de la Force navale ou du chef d'État-Major.

6. Le numéro d'enregistrement au départ donné par la section du Chiffre sert de numéro de référence pour les télégrammes; il est inscrit en tête du texte après l'adresse.

ARTICLE 100.

Remise des cahiers d'enregistrement de télégrammes aux archives. — Les cahiers d'enregistrement de télégrammes, lorsqu'ils sont terminés sont remis aux archives dans les conditions fixées par les instructions du chef d'État-Major.

ARTICLE 101.

Circulation des télégrammes chiffrés. — Les textes en clair lorsqu'ils ne sont point portés par des officiers ne circulent que sous enveloppe cachetée ou en boîte fermée à clef. Ils donnent lieu à l'établissement de reçus entre la section du Chiffre et les officiers qui les lui adressent ou qui les reçoivent d'elle.

ARTICLE 102.

Local du Chiffre. — Le local du Chiffre doit être à l'abri de toute indiscrétion possible.

ARTICLE 103.

1. Cas où il n'existe pas de section du Chiffre. — Lorsque dans un État-Major il n'existe pas de section du Chiffre ce qui est le cas général en temps de paix, les télégrammes chiffrés sont traduits par des officiers de l'État-Major.

Ceux-ci ne relèvent pas du chef du service des communications mais opèrent en liaison avec lui.

2. L'enregistrement des télégrammes au départ et à l'arrivée est confié au secrétariat de l'État-Major, l'enregistrement des télégrammes s'effectue sous la surveillance immédiate de l'officier chef du secrétariat.

SEPTIÈME SECTION.

FONCTIONNEMENT DE LA SECTION DES ARCHIVES.

ARTICLE 104.

1. Définition des archives. — Les archives sont l'ensemble des documents qu'un service doit conserver pour être à même de traiter les questions dont il est chargé.

2. Les archives de l'État-Major d'une Force navale comprennnent :

a) Les *publications diverses* : lois, décrets, arrêtés, règlements, bulletins officiels, journaux officiels, etc. ;

b) La *correspondance écrite* :

Instructions et ordres,
Rapports et comptes rendus (occasionnels ou périodiques),
Lettres (1),
Lettres circulaires,
Notes,

---

(1) Les lettres émanant du département s'appellent dépêches ministérielles.

Communications,
Renseignements (bulletins, comptes rendus, fiches, notes),
Situations, états,
Procès-verbaux,
Bordereaux d'envoi, récépissés, etc., etc.;

c) Les *messages :*

Télégrammes,
Radiotétégrammes,
Messages téléphonés,
Signaux de timonerie;

d) Les *documents propres à l'État-Major :*

Journaux de bord et de navigation,
Journal des opérations,
Registres divers,
Études, etc.

ARTICLE 105.

Archives secrètes et non-secrètes. — Les archives sont divisées en deux catégories : les archives secrètes (comprenant toutes les pièces de correspondance secrètes ainsi que les documents secrets délivrés par le département au commandant de la Force navale).

Les archives non-secrètes.

ARTICLE 106.

1. Fonctionnement général de la section des archives. — Placée sous la direction de l'officier chef du secrétariat, la section des archives a la charge de toutes les archives de l'État-Major, même de celles qui, sur l'ordre du chef d'État-Major, peuvent être d'une façon permanente entre les mains d'autres organes de l'État-Major.

Elle classe et conserve tous les documents qui lui sont remis.

2. L'officier chef du secrétariat exerce une surveillance spéciale sur les archives secrètes. Celles-ci sont classées et conservées dans des coffres-forts ou armoires présentant toutes garanties de sécurité et munies de serrures de sûreté. L'officier chef du secrétariat tient personnellement et dans les conditions prescrites par l'instruction S sur les documents secrets, la comptabilité des documents secrets délivrés par le Département.

ARTICLE 107.

1. Méthode de classement. — Un classement méthodique des archives est indispensable au bon fonctionnement de l'État-Major.

Ce classement doit permettre de retrouver dans le minimum de temps tout document conservé par l'État-Major et de constituer rapidement un dossier complet sur une question quelconque.

2. Dans ce but, les documents sont classés chronologiquement et il est établi un répertoire général sur fiches des sujets traités.

ARTICLE 108.

Classement des publications diverses. — Le classement des publications diverses est fait en groupant par ordre chronologique les publications de même nature.

Chaque groupement constitue une série.

ARTICLE 109.

1. Classement de la correspondance écrite au départ. — La correspondance écrite au départ est divisée en autant de *catégories* qu'il existe de bureaux ou services dans l'État-Major.

Le premier timbre d'une pièce fixe la catégorie à laquelle elle appartient.

Dans chaque catégorie les pièces sont classées par ordre chronologique.

ARTICLE 110.

1. Classement de la correspondance écrite à l'arrivée. — La correspondance écrite à l'arrivée est divisée en *catégories par expéditeurs*.

Parmi les expéditeurs une distinction est faite entre les *correspondants nécessaires* et les *correspondants éventuels :*

Les correspondants nécessaires sont ceux avec lesquels le Commandement de la Force navale doit entretenir des relations régulières et fréquentes.

Les *correspondants éventuels* sont ceux avec lesquels il n'est pas en rapports obligatoires ni fréquents.

2. Il est constitué autant de catégories distinctes qu'il y a de correspondants nécessaires et une seule catégorie, sous la rubrique «*correspondants divers*», communs à tous les correspondants éventuels.

Lorsque par suite des circonstances les relations avec l'un des correspondants éventuels deviennent plus fréquentes, il est ouvert pour celui-ci une catégorie spéciale au titre de correspondant nécessaire.

3. Chaque catégorie ainsi formée peut être subdivisée en *séries* réunissant les pièces de correspondance de même natures telles que :

Instructions, ordres;
Lettre, notes, rapports particuliers;
Rapports périodiques;
Situations, états;
Renseignements, etc., etc.
Dans chaque série les pièces sont classées par ordre chronologique.

4. Les pièces secrètes sont classées de la même façon par catégories et séries identiques à celles des autres pièces. Elles sont conservées dans les conditions prescrites à l'article 106, § 2.

5. La section des archives se conforme pour le classement des pièces à l'arrivée aux indications inscrites sur les pièces elles-mêmes par les officiers de l'État-Major conformément à l'article 118 ci-après.

ARTICLE 111.

Classement des messages. — Le classement des messages est fait en groupant par ordre chronologique les cahiers d'enregistrement des messages de même nature. Chaque groupement constitue une série.

Si les cahiers d'enregistrement de certains messages sont distincts à l'arrivée et au départ il est formé pour ceux-ci une série «arrivée» et une série «départ».

ARTICLE 112.

Classement des documents propres à l'État-Major. — Le classement des documents propres à l'État-Major est fait en groupant par ordre chronologique les documents de même nature.

Chaque groupement constitue une série.

ARTICLE 113.

1. Répertoire général sur fiches. — Les archives étant ainsi classées, toute pièce dont ont connaît la nature, l'expéditeur et la date est directement retrouvée.

Les pièces dont le sujet seul est connu seront retrouvées à l'aide d'un répertoire général des sujets traités. Ce répertoire est constitué par des fiches classées par ordre alphabétique.

ARTICLE 114.

1. Définition des fiches. — Une *fiche* est un rectangle de papier fort sur lequel sont inscrites les indications définies aux articles 115 et 116 ci-après.

2. Les *fiches* sont de deux sortes : les *fiches principales* et les *fiches de renvoi.*

ARTICLE 115.

1. Fiches principales. — A chaque pièce classée dans les archives correspond une fiche principale.

2. Une fiche principale comprend trois parties distinctes : la *vedette*, le *texte*, la *référence*..

3. La *vedette* inscrite dans le coin supérieur droit sert à classer la fiche.

Elle est constituée par le mot qui caractérise le plus nettement l'objet de la pièce. Ce mot doit être aussi précis que possible de façon à éviter l'accumulation des fiches portant la même vedette

En vue de permettre un classement plus aisé de fiches nombreuses ayant même vedette, l'indication formée par la vedette peut être précisée par un autre mot écrit au-dessous et appelé *sous-vedette*.

4. Le *texte* de la fiche doit être bref et précis. Il doit reproduire l'objet de la pièce, si celui-ci a été bien indiqué, ou dans le cas contraire l'analyser en quelques mots.

Le texte doit être accompagné de l'indication de la nature de la pièce, des fonctions et s'il y a lieu du nom de son expéditeur.

5. La *référence*, séparée du texte de la fiche, indique la date de la pièce ainsi que la catégorie et la série dans laquelle elle est classée.

6. Un modèle de fiche principale (avec sous-vedette) est joint au présent règlement (modèle n° 8 fiche principale).

ARTICLE 116.

1. Fiches de renvoi. — Pour une pièce déterminée il est établi autant de fiches de renvoi qu'il existe de questions auxquelles cette pièce peut se rapporter.

2. Une fiche de renvoi ne comprend que deux parties :

la *vedette*,
le *renvoi*.

3. La *vedette* d'une fiche de renvoi est constituée par un des mots, autres que la vedette de la fiche principale, que caractériseront les questions diverses auxquelles la pièce peut se rapporter.

Elle est établie comme il a été indiqué pour la vedette de la fiche principale à l'article 115 et comme celle-ci peut être précisée par une sous-vedette.

4. Le *renvoi* reproduit précédé de la lettre V (voir) la vedette, et s'il en existe une la sous-vedette de la fiche principale relative à la même pièce. Il mentionne en outre la date de la pièce.

5. Un modèle de fiche de renvoi est annexé au présent règlement (modèle n° 9 fiche de renvoi).

ARTICLE 117.

1. Classement des fiches. — Les fiches principales et les fiches de renvoi sont indistinctement classées dans des boîtes dites fichier. Elles y sont rangées par ordre alphabétique des vedettes et pour une même vedette dans l'ordre alphabétique des sous-vedettes.

Les fiches portant même vedette et sous-vedette sont rangées entre elles dans l'ordre chronologique.

A chaque année correspond un fichier distinct qui reçoit les fiches de toutes les pièces dont la date est comprise entre le 1er janvier d'une année et le 1er janvier d'une année suivante.

2. Les fiches relatives aux affaires secrètes sont dites *fiches secrètes*.

Elles sont classées dans des fichiers spéciaux et d'après les mêmes règles que les autres fiches.

Elles sont conservées sous la surveillance immédiate de l'officier chef du secrétariat, dans les conditions de sécurité et de discrétion prescrites pour les archives secrètes à l'article 106, § 2.

ARTICLE 118.

1. Établissement des fiches. — Chaque officier de l'État-Major reçoit de la section des archives la liste de toutes les catégories et séries ouvertes par elle et est tenu au courant par ses soins de toutes les modifications qui peuvent subvenir dans le classement des archives.

2. Avant le renvoi au secrétariat d'une pièce communiquée, comme après l'établissement de tout projet les officiers de l'État-Major sont tenus d'indiquer sur la pièce ou le projet :

a) La catégorie et, pour les pièces à l'arrivée, la série ou doit être classée la pièce;

b) Le texte de la fiche principale, soit en utilisant l'objet du document, soit en rédigeant un texte mieux adapté;

c) La vedette et éventuellement la sous-vedette de fiche principale ainsi que les vedettes et éventuellement les sous-vedettes des fiches de renvoi s'il y a lieu.

3. La section des archives établit les fiches principales et les fiches de renvoi d'après ces indications. Elle peut, en vue de faciliter la consultation du répertoire sur fiches, proposer des modifications dans le choix des mots vedettes déterminés par les officiers de l'État-Major conformément au paragraphe 2 du présent article, mais ces modifications ne sont effectuées qu'avec l'approbation de ceux-ci. Les indications portées sur la pièce sont corrigées en conséquence.

La section des archives peut établir de sa propre initiative d'autres fiches de renvoi.

ARTICLE 119.

1. Pièces pour lesquelles il n'est pas établi de fiches. — Le Chef d'État-Major fixe les limites dans lesquelles les publications diverses échappent au répertoire général sur fiches.

2. Il peut également décider qu'il ne sera pas établi de fiches pour quelques pièces de correspondance écrite de minime importance et certains documents propres à l'État-Major.

3. Les messages sont par ailleurs trop nombreux pour figurer tous au répertoire sur fiches. Le chef du secrétariat spécifie, conformément aux instructions du chef d'État-Major ceux qui par leur importance doivent donner lieu à l'établissement de fiches.

ARTICLE 120.

Communication d'un document des archives. — Tout document retiré des archives pour être communiqué est remplacé par une *feuille de déplacement*, indiquant le nom ou la qualité de la personne à laquelle il a été remis, ainsi que la date à laquelle il a été retiré de sa categorie ou série de classement.

Lorsque le document fait retour aux archives, il est remis immédiatement à la place de la feuille de déplacement.

ARTICLE 121.

1. Évacuation des archives. — Le chef d'État-Major fait procéder aux versements d'archives au dépôt d'attache dans les conditions prescrites au titre 3 de *l'arrêté ministériel du 25 décembre 1920 «portant règlement général sur les archives de la Marine»*.

2, Afin d'éviter l'encombrement à bord il peut faire constituer à terre sous sa garde un «*sous-dépôt*» comme il est prévu à l'article 4 de cet arrêté.

3. A la fin de chaque année les archives sont revisées avec soin. Tous les documents devenus inutiles sont renvoyés au sous-dépôt s'il en existe un, et à défaut au dépôt d'attache, ou bien détruits *s'ils ne peuvent plus présenter d'intérêt à aucun point de vue*.

4. Les fiches suivent la destination des archives, elles sont remises et incinérées en même temps que celles-ci.

CHAPITRE VI.

SERVICE INTÉRIEUR.

PREMIÈRE SECTION.

DISPOSITIONS GÉNÉRALES.

ARTICLE 122.

1. Dispositions générales. — Le service du personnel, officiers et non officiers, est réglé :

a) *Par le chef d'État-Major* pour le fonctionnement intérieur de l'État-Major;

b) *Par le commandant du bâtiment* pour tout ce qui concerne le service général (branle-bas, repas, service des permissionnaires, etc.), la sécurité, la police et la discipline du bâtiment, ainsi que l'entretien du matériel dont les services du bord ont la charge.

2. Toute dérogation au service général de l'équipage du bâtiment amiral imposée au personnel de l'État-Major par son service, doit faire l'objet d'une entente préalable entre le chef d'État-Major et le commandant du bâtiment.

DEUXIÈME SECTION.

SERVICE AU MOUILLAGE.

ARTICLE 123.

1. Service des officiers. — Les heures de présence à bord des officiers de l'État-Major et les autorisations de descendre à terre sont réglées par le chef d'État-Major.

2. Chaque jour un service de garde de vingt-quatre heures est confié à l'un des officiers de marine de l'État-Major, conformément aux instructions du chef d'État-Major.

ARTICLE 124.

1. Officier de garde. — L'officier de garde est chargé d'assurer :

a) En dehors des heures normales de présence à bord des officiers, la permanence nécessaire à l'exercice continu de l'action du commandement;

b) La surveillance des mouvements extérieurs et celle des bâtiments de la Force navale en vue de l'exécution correcte du service courant;

c) L'emploi des bâtiments de servitude et des embarcations dont dispose l'État-Major;

d) Le fonctionnement du service des communications conformément aux ordres du chef d'État-Major et aux consignes du chef de ce service.

Il doit faire passer les obligations de son service de garde avant les fonctions qu'il remplit normalement dans l'État-Major.

2. L'officier de garde veille à l'exécution des prescriptions sur les honneurs à rendre aux diverses autorités.

3. Il se fait tenir au courant de tous les mouvements sur rade et fait prévenir le commandant de la Force navale et le chef d'État-Major de tout événement de nature à les intéresser.

4. Il se fait communiquer tous les messages émanant, soit du bâtiment amiral, soit des bâtiments sur rade, et prend, suivant les instructions du chef d'État-Major ou provoque s'il n'a pas d'instructions, les décisions nécessaires.

5. Il ne doit pas intervenir dans l'exécution du service du bord.

Lorsque le concours du bâtiment est nécessaire, il en prévient en temps utile le commandant soit directement soit, pour le service courant, par l'intermédiaire de l'officier de quart.

6. Il fait rédiger et signe le journal de bord spécial à l'État-Major; il signe également les registres du service communications.

ARTICLE 125.

1. Service du personnel non officier. — Le service des secrétaires d'État-Major est réglé suivant les instructions du chef d'État-Major.

2. Le service du personnel des communications (timoniers, télégraphistes, radiotélégraphistes, etc.) est réglé par le chef du service communications, conformément aux instructions données par le chef d'État-Major après entente avec l'autorité du bâtiment pour ce qui concerne la participation de ce personnel au service général.

TROISIÈME SECTION.

SERVICE À LA MER.

ARTICLE 126.

1. Officiers de marine. Surveillance de la navigation. — Les officiers de marine de l'État-Major assurent à la mer un service de *surveillance.*

2. Ce service a pour objet :

La surveillance permanente de la navigation de la Force navale, le contrôle de la route, du maintien de la formation prescrite et de l'exacte exécution des mouvements ordonnés par le Commandant de la Force navale.

La surveillance du fonctionnement de la veille extérieure des signaux et de la transmission des ordres.

3. Pendant la durée de son service, l'officier chargé de la surveillance de la navigation fait les observations astronomiques prescrites, détermine le point et porte la position du navire sur les cartes. Il rédige et signe le journal de navigation de l'État-Major, il signe également les registres du service «communications». Il fait tenir le commandant de la Force navale et le chef d'État-Major au courant de l'état du temps, des bâtiments ou terres en vue, de la position relative des groupes et unités de la Force navale et de toutes les circonstances ou incidents relatifs à la navigation.

4. Ce service est réglé par le chef d'État-Major en exécution des décisions du commandant de la Force navale. Suivant les circonstances il comporte le *quart effectif* ou *tout autre mode de surveillance.*

ARTICLE 127.

1. Personnel non-officier. — En dehors de quelques cas particulier, pour lesquelles l'entente prescrite à l'article 122 § 2 doit être réalisée, le personnel de l'État-Major suit le tableau de service de l'équipage du bâtiment.

QUATRIÈME SECTION.

SERVICE AU COMBAT.

ARTICLE 128.

1. Fonctionnement de l'État-Major pendant le combat. — Si le rôle de l'État-Major pendant le combat reste celui fixé à l'article I du présent règlement, son fonctionnement doit s'adapter aux exigences speciales du champ de bataille.

Il faut que le commandant de la Force navale soit renseigné à tout instant sur la situation et que ses decisions soient rapidement transmises.

L'État-Major doit en outre noter les diverses circonstances du combat en vue d'en établir l'historique.

2. Le chef d'État-Major fixe en conséquence conformément aux instructions du commandant de la Force navale les postes de combat du personnel de l'État-Major et les fonctions attribuées à chacun pendant le combat en tenant compte des aptitudes personnelles ainsi que des fonctions remplies dans l'État-Major.

Le choix du poste de combat du personnel de l'État-Major doit être tel que tout en permettant à chacun de remplir le rôle qui lui est assigné il n'apporte aucune entrave à la mise en œuvre des moyens d'action du bâtiment.

3. Le chef d'État-Major oriente l'action de l'ensemble de l'État-Major pendant le combat de manière que le commandant de la Force navale ait la plus grande liberté d'esprit pour prendre ses décisions.

ARTICLE 129.

1. Renseignements. — Le chef d'État-Major doit pouvoir à tout instant renseigner le commandant de la Force navale sur la situation relative des forces en présence et sur l'orientation générale du combat.

2. Des officiers de l'État-Major aidés du personnel nécessaire sont chargés de tenir constamment à jour les renseignements relatifs à la situation, la formation, la route, la vitesse des diverses forces ennemies ou amies.

Ils établissent les tableaux et graphiques concrétisant la situation.

3. Les renseignements parviennent :

a) De la veille extérieure pour la partie du champ de bataille qui se trouve à la vue directe ;

b) Des messages reçus par l'intermédiaire du service des communications.

ARTICLE 130.

1. Ordres. — Le chef d'État-Major fait traduire en ordres les décisions du commandant de la Force navale et en fait suivre l'exécution.

2. Les ordres sont établis et leur exécution suivie par des officiers de l'État-Major aidés du personnel non-officier nécessaire. Ces officiers agissent en liaison intime avec le service des communications et s'efforcent de réduire le délai nécessité par la traduction des décisions en ordres.

ARTICLE 131.

1. Transmission des ordres. — Le personnel du service des communications assure la transmission des ordres pendant le combat. Il est renforcé en conséquence.

2. Le fonctionnement spécial du service communications pendant le combat est précisé par les instructions du chef d'État-Major.

3. Les liaisons du service communications avec le Commandement au combat doivent être rapides et sûres.

ARTICLE 132.

1. Historique du combat. — L'historique du combat est établi pour une double fin documentaire et critique.

2. Des officiers de l'État-Major sont chargés de recueillir sur les différentes phases du combat les renseignements nécessaires à l'établissement des comptes-rendus et rapports.
Ils doivent s'attacher à noter les faits susceptibles de fournir des enseignements pour la suite des opérations.

3. Ils ne se préoccupent de la part prise au combat par le bâtiment sur lequel ils sont embarqués qu'en ce qui concerne le rôle joué par la Force navale à laquelle est affecté leur État-Major.

4. Ils reçoivent des informations des officiers chargés des renseignements et des ordres. Ils sont en liaison continue avec eux mais ne doivent sous aucun prétexte troubler leur action.

CHAPITRE VII.

SERVICE EXTÉRIEUR.

ARTICLE 133.

1. Missions des officiers d'État-Major. — Les officiers de l'État-Major peuvent être chargés de toutes les missions que le Commandement juge à propos de leur confier.

2. Ils peuvent notamment :

a) Porter des ordres, donner sur place les indications nécessaires à l'exécution d'un mouvement ou d'une manœuvre, suivre l'exécution d'un ordre ;

b) Être envoyés à bord d'un bâtiment de la Force navale ou dans un organisme qui en dépend pour voir certains détails de services ou s'enquérir des besoins en vue d'en rendre compte au commandant de la Force navale ;

c) Être employés aux reconnaissances de l'ennemi ;

d) Remplir auprès des autorités étrangères, alliées ou neutres toute mission imposée par les circonstances : notification de blocus, renseignement, visites ;

e) Échanger avec les bâtiments étrangers les visites de courtoisie et s'il est nécessaire guider ceux-ci vers le mouillage qui leur est assigné ;

f) Être envoyés en mission à l'ennemi.

3. Au cours de leur mission les officiers d'État-Major peuvent, en cas de besoin, demander l'assistance des commandants de groupes ou de bâtiments ou des chefs des divers organismes de la Force navale. Ceux-ci ont le devoir de faciliter l'accomplissement des missions des officiers d'État-Major.

4. Dans le cas de mission à l'intérieur de la Force navale les officiers de l'État-Major se présentent toujours à l'arrivée au commandant du groupe ou du bâtiment ou du chef de l'organisme auprès duquel les conduit leur mission. Ils le préviennent de la nature de celle-ci ainsi que de son achèvement.

5. Le chef d'État-Major fait connaître si la mission doit faire l'objet d'un compte rendu écrit.

ARTICLE 134.

1. Officiers détachés en liaison. — Les liaisons ont pour objet de coordonner les efforts en assurant la continuité des relations soit entre les différents échelons de Commandement, soit entre les unités ou groupes d'unités participant à une même opération.

2. Elles sont réalisées normalement par les communications de diverse nature et sont complétées dans les cas qui présentent une importance particulière ou peuvent exiger des explications complémentaires par l'envoi d'officiers de l'État-Major agents de liaison.

3. En particulier la liaison par officiers peut être utile lorsque le Commandement veut être renseigné de manière exacte et continue sur l'évolution d'une situation ou l'exécution de ses décisions, dans le cas où une fraction de ses forces opère hors de sa vue.

L'officier détaché en liaison n'a pas d'observation à formuler et ne doit, en aucune manière s'immiscer dans le Commandement du groupe ou de l'unité, ou la direction de l'organisme auprès duquel il est accrédité.

4. Il a qualité pour demander ou fournir, au nom du chef qu'il représente, toute explication ou information utile. Sa mission consiste à voir et à rendre compte à son chef.

5. S'il a à transmettre à son chef des comptes rendus, il fait appel à l'autorité près de laquelle il est accrédité ; celle-ci a le devoir de faciliter l'accomplissement de sa mission.

ARTICLE 135.

1. Officier porteur d'ordres. — Il peut être fait emploi d'un officier de l'État-Major pour transmettre au destinataire les instructions ou les ordres du Commandement.

2. L'officier porteur d'un ordre écrit doit, à moins d'inconvénient grave, être initié à son contenu ; il pourra le transmettre verbalement s'il est obligé de détruire en route le pli qui lui a été confié.

3. Si la situation à laquelle se rapportait l'ordre s'est modifiée ou n'est pas telle que la supposait le Commandement, l'officier n'en transmet pas moins intégralement l'ordre qu'il a reçu.

Il ajoute ensuite les explications nécessaires au sujet de l'idée que son chef se faisait de la situation au moment de sa décision ainsi que sur le but qu'il se proposait d'atteindre.

4. Si l'ordre comporte une exécution immédiate, l'officier assiste ordinairement au commencement de l'exécution afin d'en rendre compte.

5. Lorsque par exception un ordre est donné verbalement l'officier chargé de le porter le répète à son chef avant de partir, pour lui donner l'assurance qu'il a correctement entendu et parfaitement compris.

ARTICLE 136.

1. **Mission à l'ennemi.** — L'officier d'État-Major envoyé en mission à l'ennemi comme parlementaire reçoit des instructions écrites fixant en termes précis le but de sa mission.

2. Il se présente avec un drapeau blanc et est accompagné d'un officier marinier, et s'il y a lieu d'un interprète et d'un clairon. Il a droit à l'inviolabilité ainsi que le personnel qui l'accompagne.

3. Dans ses rapports avec l'ennemi il se montre d'une discrétion absolue et ne s'écarte sous aucun prétexte de l'objet strict de sa mission.

4. Il rend compte par écrit de l'accomplissement de sa mission.

Fait à Paris, le 24 août 1922.

Le Ministre de la Marine,
Signé : RAIBERTI.

MODÈLE N° 1 (ARTICLE 57).

TYPE DE LETTRE (PERSONNELLE OU CIRCULAIRE).

NOM de LA FORCE NAVALE.	Lieu et date de la signature (1).
Timbres des divers bureaux ou services ayant collaboré à l'établissement du document. (Le timbre du bureau ou du service qui a eu l'initiative de la rédaction est inscrit le premier.)	Nom et fonctions de l'expéditeur. Fonctions du ou des destinataires (2). Objet (Indication sommaire) : Références : Pièces jointes : (3)
Numéro de référence (1).	Texte de la lettre.

Fonctions et nom du signataire, si celui-ci est différent de l'expéditeur (4).

Signature :

S'il y a lieu, fonctions et nom de l'autorité qui signe pour ampliation (4).

Signature de cette autorité :

Destinataires, Copies (5),

---

(1) Sont inscrits par le secrétariat (voir articles 57 et 88).

(2) Si la lettre est adressée à une autorité ayant auprès d'elle des bureaux et des services, indiquer le nom du bureau et du service auquel ressortit l'affaire.

(3) Appellation si la lettre est adressée à un supérieur (voir article 43 du décret du 15 mai 1910 sur le service à bord des bâtiments de la Marine militaire.

(4) Si le Commandant de la Force navale a signé l'original les autres expéditions sont signées pour ampliation P. A. par le Chef d'État-Major. Si non celui-ci signe par ordre P. O. voir article n° 8.

(5) Voir à l'article 57 la distinction entre les autorités qui reçoivent les lettres comme destinataires et celles qui en reçoivent une copie.

NOTA. — On ne doit employer dans les lettres officielles qu'une feuille simple à moins que le texte et les apostilles successives qui doivent être consignées par les chefs hiérarchiques à la suite de la lettre ne nécessitent l'emploi, d'une feuille double. Avoir soin de réserver une marge d'une largeur égale au tiers de celle de la feuille employée.

MODÈLE N° 2 (ARTICLE 77).

TYPE D'ORDRE D'OPÉRATIONS (1).

NOM
de
LA FORCE NAVALE.

ÉTAT-MAJOR

Timbre du bureau qui en a pris l'initiative (généralement le 3°) et des bureaux et services qui ont collaboré à sa rédaction.

Numéro de référence (1).

Lieu, date et heure de la signature (1).

Ordre général d'opérations N° (2)
ou
Ordre particulier d'opérations N° (2) à (tel groupe ou telle unité).

Objet. (Indication sommaire.)
Référence.
Pièces jointes.

SITUATION (3) :

Situation générale. | Mission des forces voisines. | Renseignements sur l'ennemi. } dans l'ordre le plus favorable à la clarté de la rédaction.
(ces derniers peuvent être remplacés par le renvoi à un bulletin de renseignements joint).

MISSION :

Mission propre du groupe ou de l'unité auquel s'adresse l'ordre.

EXÉCUTION (4) :

a) Constitution des forces participant à l'opération (indication des chefs de groupe).

b) Mouvements et conduite des éléments appelés à agir les premiers ou de ceux qui sont les plus près de l'ennemi.

c) Mouvements et conduite du gros et des groupes qui l'accompagnent.

d) Mesures relatives aux bâtiments auxiliaires,

e) Mesures relatives au ravitaillement.

f) Prescriptions d'ordre général s'appliquant à l'ensemble des forces.

g) Numéro de la carte ou des cartes auxquelles l'ordre se réfère.

Fonctions et nom du signataire, si celui-ci est différent de l'expéditeur (5).

S'il y a lieu fonction et nom de l'autorité qui signe pour ampliation (5).

Destinataires, Copies (6).

---

(1) Sont inscrits par le secrétariat (voir articles 57 et 88).

(2) Le numéro de série est donné par le bureau dont le timbre figure obligatoirement.

(3) Numéroter à se suivre les différents paragraphes contenus dans l'ensemble de l'ordre.

(4) La partie exécution ne donne pas toujours lieu à toutes les subdivisions indiquées, mais l'ordre de présentation de celles-ci doit être observé.

(5) Si le Commandant de la Force navale a signé l'original les autres expéditions sont signées pour ampliation P. A. par le Chef d'État-Major. Sinon celui-ci signe par ordre P. O. (voir article 8).

(6) Voir à l'article 59 la distinction entre les autorités qui reçoivent l'ordre comme destinataires et celles qui en reçoivent une copie.

NOTA. — L'« en tête » des instructions d'opérations est analogue à celui des ordres. Toutefois l'heure de la signature n'est généralement pas mentionnée. La division de l'instruction d'opérations en situation, mission, exécution est commode mais elle n'est pas obligatoire.

MODÈLE N° 3 (ARTICLE 85).

CAHIER D'ENREGISTREMENT DE LA CORRESPONDANCE ÉCRITE À L'ARRIVÉE

1	2	3	4	5	6	7	8
NUMÉROS D'ENREGISTREMENT.	DATE D'ARRIVÉE.	EXPÉDITEUR.	DATE DU DOCUMENT.	NUMÉRO DE RÉFÉRENCE.	ANALYSE SOMMAIRE.	NOMBRE DE PIÈCES JOINTES.	OBSERVATIONS.

Colonne n° 1. — Numéros d'enregistrement. — Le numérotage est continu pour une année et indépendant de la nature des pièces. Les numéros *bis* sont interdits.

Colonne n° 2. — Date d'arrivée. — Le mois doit être écrit en toutes lettres, l'année entièrement.

Colonne n° 3. — L'expéditeur est celui qui correspond à la date du document. Noter, le cas échéant dans cette colonne les autorités successives qui, suivant la voie hiérarchique, ont été appelées à transmettre le document.

Colonne n° 4. — Date du document.

Colonne n° 5. — Numéro de référence.

Colonne n° 6. — Analyse sommaire. — Transcription de l'objet du document.

Colonne n° 7. — Nombre de pièces jointes.

Colonne n° 8. — Observations. — Mentionner dans cette colonne la situation de la pièce c'est-à-dire le nom de l'Officier de l'État-Major qui la détient, l'indication qu'elle est en communication temporaire, ou qu'elle est classée aux archives.

MODÈLE N° 4 (ARTICLE 89).

CAHIER D'ENREGISTREMENT DE LA CORRESPONDANCE ÉCRITE AU DÉPART.

1	2	3	4	5	6	7	8
NUMÉROS D'ENREGISTREMENT.	DATE D'EXPÉDITION.	DESTINATAIRE.	DATE DU DOCUMENT.	NUMÉRO DE RÉFÉRENCE.	ANALYSE SOMMAIRE.	NOMBRE DE PIÈCES JOINTES.	OBSERVATIONS.

Colonne n° 1. — Numéros d'enregistrement. — Le numérotage est continu pour une année et indépendant de la nature des pièces. Les numéros *bis* sont interdits.

Colonne n° 2. — Date d'expédition. — Le mois doit être écrit en toutes lettres, l'année entièrement.

Colonne n° 3. — Destinataire. — Chaque expédition d'une même pièce comporte un numéro d'enregistrement distinct.

Colonne n° 4. — Date du document.

Colonne n° 5. — Numéro de référence (voir article 58).

Colonne n° 6. — Analyse sommaire. — Transcription de l'objet du document précédée du numéro de série si la pièce en comporte un. (Pour le numéro de série voir article 59.)

Colonne n° 7. — Nombre de pièces jointes.

Colonne n° 8. — Observations.

MODÈLE N° 5 (ARTICLE 92).

CAHIER D'ENREGISTREMENT DES COMMUNICATIONS TEMPORAIRES.

1re Partie. — *Arrivée.*

Même disposition que le cahier d'enregistrement *à l'arrivée*, la colonne 8 doit permettre de suivre le document.

2e Partie. — *Départ.*

Même disposition que le cahier d'enregistrement *au départ*, la colonne 8 doit permettre de suivre le document.

MODÈLE N° 6 (ARTICLE 99).

CAHIER D'ENREGISTREMENT DES TÉLÉGRAMMES À L'ARRIVÉE.

1	2	3	4	5	6	7	8	9
NUMÉROS D'ENREGISTREMENT.	HEURES ET DATES D'ARRIVÉE au chiffre et d'expédition du chiffre.	VOIE DE TRANSMISSION.	CODE.	EXPÉDITEUR.	HEURES et DATES DU TÉLÉGRAMME.	NUMÉRO DE RÉFÉRENCE.	TEXTE.	OBSERVATIONS.

Colonne n° 1. — Le numérotage d'enregistrement est continu pour une année. — Les numéros *bis* sont interdits.

Colonne n° 2. — Les deux indications de date et heure sont inscrites l'une au dessous de l'autre séparées par un trait horizontal : $\frac{\text{date d'arrivée}}{\text{date d'expédition}}$.

Colonne n° 3. — Câble, T. S. F. (exceptionnellement un télégramme peut être transmis par un des autres moyens du service des communications, téléphone, projecteurs, etc.).

Colonne n° 4. — Indication du code avec lequel le télégramme a été chiffré.

Colonne n° 5. — Expéditeur, grade et fonction.

Colonne n° 6. — Heure et date du télégramme, figure à la fin du texte du télégramme sous la forme de trois groupes de chiffres (voir article 66, § 3).

Colonne n° 7. — Le numéro de référence est celui donné au télégramme par l'expéditeur.

Colonne n° 8. — Texte en clair ou mention « Réservé » lorsque le télégramme a été déchiffré en dehors de la section du chiffre. — Le texte en chiffres ne doit jamais figurer sur ce cahier.

Colonne n° 9. — Reçoit la mention de la personne à qui a été remise le télégramme ainsi que l'indication de la communication faite au secrétariat de l'État-Major lors de la récapitulation journalière. Pour les télégrammes qui portent la mention « réservé » dans la colonne 8, indiquer à la colonne 9 une référence permettant de les retrouver.

MODÈLE N° 7 (ARTICLE 99).

CAHIER D'ENREGISTREMENT DES TÉLÉGRAMMES AU DÉPART.

1	2	3	4	5	6	7	8	9
NUMÉROS D'ENREGISTREMENT.	HEURES ET DATES D'ARRIVÉE au chiffre et d'expédition du chiffre.	VOIE DE TRANSMISSION.	CODE.	DESTINATAIRE.	HEURE et DATE DU TÉLÉGRAMME.	TEXTE.	DATE et HEURE DE TRANSMISSION.	OBSERVATIONS.

Colonne n° 1. — Le numérotage d'enregistrement est continu pour une année. — Les numéros *bis* sont interdits. Le numéro d'enregistrement constitue en même temps le numéro de référence qui doit être transmis avec le télégramme (voir article 71).

Colonne n° 2. — Les deux indications de dates et heures sont inscrites l'une au dessous de l'autre séparées par un trait horizontal : $\frac{\text{date d'arrivée}}{\text{date d'expédition}}$.

Colonne n° 3. — Câble, T. S. F. (exceptionnellement un télégramme peut être transmis par un des autres moyens du service des communications : téléphone, projecteur, etc.).

Colonne n° 4. — Indication du code avec lequel le télégramme a été chiffré.

Colonne n° 5. — Grade, fonction, adresse.

Colonne n° 6. — Heure et date du télégramme doivent figurer à la fin du texte du télégramme sous la forme de trois groupes de chiffres (voir article 66, § 3).

Colonne n° 7. — Texte en clair ou mention «Réservé» lorsque le télégramme a été chiffré en dehors de la section du chiffre. — Le texte en chiffres ne doit jamais figurer sur ce cahier.

Colonne n° 8. — Date et heure de transmission. — Les indications à inscrire dans cette colonne sont fournies par le service des communications.

Colonne n° 9. — Observations. — Indiquer dans cette colonne la communication au secrétariat lors de la récapitulation journalière. — Pour les télégrammes qui portent la mention «réservé» dans la colonne n° 7, indiquer à la colonne n° 9 une référence permettant de les retrouver.

MODÈLE N° 8 (ARTICLE 115).

FICHE PRINCIPALE

Vedette.

Mousqueton

Opérations.

Texte.

Rapport du Commandant du
sur la capture opérée le 16 juin 1915
d'une embarcation turque qui portait
une mission et des objets divers aux
Senoussistes.

Référence.

Mousqueton. — Lettres.
18 juin 1915.

MODÈLE N° 9 (ARTICLE 116).

FICHE DE RENVOI.

Senoussistes.

V. *Mousqueton* (Opérations).
18 juin 1915.

www.ingramcontent.com/pod-product-compliance
Ingram Content Group UK Ltd.
Pitfield, Milton Keynes, MK11 3LW, UK
UKHW021557260726
13993UKWH00002B/896

9 782329 086293